Hotelfachschule Heidelberg

Kurt Wolf (Hrsg.)

unter Mitarbeit von Ina Gefäller, Ralf Hein, Berthold Knapp und Robert Röther

Aufgabensammlung Grundstufe für

Handlungsfeld 4: Den betrieblichen Erfolg dokumentieren und auswerten und

Handlungsfeld 5: Geschäftsprozesse analysieren

© Kurt Wolf Hofa-Akademie Heidelberg
Herstellung und Verlag: BoD – Books on Demand, Norderstedt
ISBN: 9783741284694

2. Auflage 2016

Alle Rechte – auch der auszugsweise Wiedergabe – vorbehalten. Ohne ausdrückliche Genehmigung der Autoren ist es nicht gestattet, das Buch oder Teile daraus in irgendeiner Form durch Fotokopie, Mikrofilm, Einspeicherung und Bearbeitung in elektronischen Systemen oder ein anderes Verfahren zu vervielfältigen oder zu verbreiten.

Gliederung   Seite

Handlungsfeld 4: Den betrieblichen Erfolg dokumentieren und auswerten

1. Aufgabe der Kosten und Leistungsrechnung   3

2. Grundlagen der Kosten- und Leistungsrechnung   4

3. Kostenartenrechnung   5

4. Kostenstellenrechnung   33

5. Kostenträgerrechnung   46

6. Teilkostenrechnung   60

7. Budgetierung   87

8. Fallstudien zur Vertiefung   93

Handlungsfeld 5: Geschäftsprozesse analysieren

9. Grundlagen der Buchführung   107

10. Inventar erstellen und in Bilanz überführen   109

11. Auf Bestandskonten buchen und diese abschließen   118

12. Auf Erfolgskonten buchen und diese abschließen   128

13. Buchungen des Warenverkehrs   134

14. Anhang   148

1. Aufgabe der Kosten und Leistungsrechnung

Aufgabe 1.1
1 Beschreiben Sie den Geld- und Güterstrom in einem gastgewerblichen Betrieb!

2 Welche Aufgaben hat die Kosten- und Leistungsrechnung?

2. Grundlagen der Kosten- und Leistungsrechnung

Aufgabe 2.1

1 Nennen Sie die Merkmale des Kostenbegriffes!

2 Begründen Sie die Notwendigkeit der Abgrenzung von Kosten und neutralen Aufwendungen!

3 Bilden Sie je ein gastronomisches Beispiel für neutrale Aufwendungen, Zweckaufwand/Grundkosten und Zusatzkosten.

Aufgabe 2.2
Definieren Sie die folgenden Begriffe:

- Einzahlung, Auszahlung

- Einnahme, Ausgabe

- Ertrag, Aufwand

- Erlöse, Kosten

Geben Sie auch die Bezeichnungen der Salden der jeweils zusammengehörenden Paare an!

Aufgabe 2.3
Ordnen Sie die Abgrenzungsmerkmale Einzahlung/Auszahlung, Einnahmen/Ausgaben, Aufwand/Ertrag und Kosten/Leistung den Begriffen Rentabilität, Liquidität und Wirtschaftlichkeit zu!

3. Kostenartenrechnung

Aufgabe 3.1

1 Welche Aufgaben hat die Kostenartenrechnung?

2 Nach welchen Kriterien können Kostenarten gegliedert werden?

Aufgabe 3.2

Zur Ermittlung eines betriebswirtschaftlich "richtigen" Betriebsergebnisses übernimmt der Deputy Chief Controller im Hotel "Schnorrenbacher Hof" die Kosten und Erlöse, wie sie von der Finanzbuchhaltung erfasst worden sind. Sie sind jedoch zu ergänzen durch Zusatzkosten aufgrund folgender Gegebenheiten:

1 Da erfahrungsgemäß jährlich rund 5% der durchschnittlichen Warenbestände durch Verlust, Schwund und Diebstahl "untergehen", sollen kalkulatorische Wagnisse in entsprechender Höhe angesetzt werden. Für den Betrachtungszeitraum wurde der Anfangsbestand dieser Waren mit 40.000,00 €, der Endbestand mit 25.000,00 € ermittelt. In welcher Höhe ist das Beständewagnis anzusetzen?

2 In den letzten Jahren sind jeweils ca. 2% des Jahresumsatzes an Gewährleistungskosten (Rückerstattungen, nachträgliche Preisminderungen, usw.) angefallen.
Im Betrachtungszeitraum wird ein Nettoumsatz von insgesamt 4.250.000,00 € erwartet. Welcher Betrag ist als Gewährleistungswagnis anzusetzen?

3 Wie hoch sind
   - neutraler Aufwand
   - Zweckaufwand
   - Grundkosten
   - Zusatzkosten, wenn

   3.1 die tatsächlich eingetretenen Wagnisse 95.000,00 € betragen,

   3.2 die tatsächlich eingetretenen Wagnisse 75.000,00 € betragen?

4 Das Gehalt des Geschäftsführers einer vergleichbaren Hotel-GmbH beträgt im Jahr ca. 75.000,00 €. Im "Schnorrenbacher Hof" liegt die Leitung in Händen des Inhabers. Seine Tochter hilft halbtags unentgeltlich bei Sekretariatsarbeiten aus; eine vollbeschäftigte Sekretärin wäre jährlich mit 36.000,00 € zu entlohnen. Berechnen Sie die kalkulatorischen Kosten.

5 Am Jahresende wurden für eine Hypothek über 600.000,00 € zu 6,5% und für ein Darlehen über 245.000,00 € zu 8,5% die fälligen Zinsen per Bank überwiesen. Kalkulatorisch sollen jedoch 8% Zinsen auf das gesamte betriebsnotwendige Kapital angesetzt werden, das mit 2.112.500,00 € errechnet wurde. In welcher Höhe sind Grundkosten, Zusatzkosten und neutraler Aufwand entstanden?

Aufgabe 3.3
Nehmen Sie zu den folgenden Aussagen begründet Stellung:
(1) Die bilanziellen Abschreibungen einer Rechnungsperiode sind immer höher als die kalkulatorischen.
(2) Die in der Kosten- und Leistungsrechnung verrechneten kalkulatorischen Abschreibungen sind stets Zusatzkosten.
(3) Mit Preisindizes können Tageswerte aber keine Wiederbeschaffungskosten in der Zukunft ermittelt werden.
(4) Kalkulatorische Zinsen werden vom betriebsnotwendigen Vermögen berechnet.
(5) Die kalkulatorischen Zinsen sollen die Verzinsung des Eigenkapitals erfassen.
(6) Kalkulatorische Wagnisse gehören nicht zu den Kosten die mit Ausgaben verbunden sind.
(7) Der kalkulatorische Unternehmerlohn ist steuerlich abzugsfähig.
(8) Der kalkulatorische Unternehmerlohn dient ausschließlich dazu die Personalkosten des Betriebes vollständig zu erfassen.

Aufgabe 3.4
Das Hotel "Höhenblick" legt aus der Summenbilanz folgende Angaben vor:

04 00 00 Technische Anlagen und Maschinen	430.000,00 €
05 00 00 Betriebs- und Geschäftsausstattung	170.000,00 €

Abschlussangaben:
(1) Bilanzmäßige Abschreibungen:

20% auf 0400 00 vom Anschaffungswert	555.000,00 €
15% auf 0500 00 vom Anschaffungswert	250.000,00 €

(2) Kalkulatorische Abschreibungen:

15% auf 0400 00 vom Wiederbeschaffungswert	620.000,00 €
20% auf 0500 00 vom Wiederbeschaffungswert	270.000,00 €

Wie hoch sind in den beiden Fällen jeweils die Grundkosten, die neutralen Aufwendungen, der Zweckaufwand und die Zusatzkosten?

Aufgabe 3.5

Ein Küchenherd, der für 50.000,00 € angeschafft wurde, ist in den ersten beiden Nutzungsjahren folgendermaßen abgeschrieben worden:

    bilanzmäßig: 20% linear

    kalkulatorisch: 12,5 % vom geschätzten Wiederbeschaffungswert in Höhe von 75.000,00 €.

1. Erläutern Sie die bilanzmäßigen und kalkulatorischen Auswirkungen der Abschreibung auf das Betriebsergebnis und die Gewinn- und Verlustrechnung.

2. Wie hoch sind in diesem Fall die Grundkosten, die neutralen Aufwendungen, der Zweckaufwand und die Zusatzkosten?

3. Welches Ziel verfolgt die Kostenartenrechnung mit der Berechnung der kalkulatorischen Abschreibungen vom Wiederbeschaffungswert?

Aufgabe 3.6

Berechnen Sie die kalkulatorische Abschreibung einer Maschine, wenn zu Wiederbeschaffungswert abgeschrieben werden soll und der Anschaffungswert 11.000,00 € betrug. Die Nutzungsdauer ist mit 5 Jahren anzusetzen, wobei Ihnen folgende Preisindizes für die Jahre 2 - 5 zur Verfügung stehen: 1,05; 1,1; 1,075; 1,09.

Aufgabe 3.7
Ein Hersteller von Fertigmenüs kalkuliert in seiner Kostenrechnung im Jahre 20.. mit folgenden Kosten:

(1) Anlagewagnis: Die durchschnittlichen Aufwendungen betrugen in den letzten 5 Jahren 12.500,00 € jährlich. Aufgrund einer Betriebserweiterung sowie erwarteter Kostensteigerungen soll die Wagnisprämie um 15 % erhöht werden.

(2) Vertriebswagnis: Die statistische Abteilung stellt fest, dass in den letzten 6 Jahren durchschnittlich 3% der Forderungen, bezogen auf ihren Nettowert, ausgefallen sind. Der durchschnittliche Forderungsbestand beträgt z. Z. 12.037,50 € (Bruttowert).

(3) Ausschusswagnis: Infolge der Überbeschäftigung der letzten Monate nahm der Ausschuss auf 2,5% der verbrauchten Lebensmittel zu. Der arbeitstägliche Verbrauch beträgt 1.400,00 €. Es wird an 240 Tagen im Jahr gearbeitet.

1 Wie hoch sind die gesamten Wagniskosten?

2 Wie hoch sind der neutrale Aufwand, die Grundkosten bzw. die Zweckaufwendungen und die Zusatzkosten, wenn die eingetretenen Wagnisverluste entweder 23.650,00 € oder 22.950,00 € betragen?

Aufgabe 3.8
Ein Dampfgerät mit einem Anschaffungswert von 7.350,00 € wird bilanziell linear abgeschrieben. Die betriebliche Nutzungsdauer beträgt 7 Jahre. Kalkulatorisch soll vom Wiederbeschaffungswert in Höhe von 10.850,00 € abgeschrieben werden.

Wie hoch sind die neutralen Aufwendungen und die Zusatzkosten?

Aufgabe 3.9
Berechnen Sie die Abschreibungsbeträge!

1. Eine am 16.01. angeschaffte Bohnermaschine hat einen AW von 6.400,00 €. Die Nutzungsdauer beträgt 4 Jahre. Sie wird kalkulatorisch digital und bilanzmäßig linear abgeschrieben.

2. Im September dieses Jahres wurde unsere Bar neu gestaltet. Die Einrichtung hat einen Anschaffungswert von 18.000,00 €. Die Nutzungsdauer wird auf 10 Jahre geschätzt. Ermitteln Sie die Abschreibungsbeträge am Ende des ersten Jahres, wenn für die Kostenrechnung degressiv und bilanziell aber linear und zeitanteilig abgeschrieben werden soll!

3. Eine Maschine, die im Jahr 01 für 14.000,00 € angeschafft wurde und eine Nutzungsdauer von 5 Jahren hat, wird kalkulatorisch zum Wiederbeschaffungswert abgeschrieben. Der Preisindex für das Jahr 04 beträgt 1,05. Laut Anlagekartei sind bisher insgesamt 7.340,00 € abgeschrieben worden.

Aufgabe 3.10
Hotel-Restaurant Holzer OHG wird von den Gesellschaftern Fritz und Kunibert Holzer betrieben. Für die beiden Gesellschafter soll auf der Grundlage des Umsatzes des vergleichbaren Hotel-Restaurants Neamonitakis GmbH der kalkulatorische Unternehmerlohn berechnet werden.

Umsatz der Neamonitakis GmbH	4.600.000,00 €
Vergütung für drei Geschäftsführer insgesamt	144.000,00 €
Umsatzbeteiligung je Geschäftsführer	0,75 %
Umsatz der Holzer OHG	4.200.000,00 €
Entnahmen der Gesellschafter	
Fritz Holzer	32.000,00 €
Kunibert Holzer	38.000,00 €

1   Buchen Sie privaten Barentnahmen.

2   Berechnen Sie den kalkulatorischen Unternehmerlohn.

3   Warum ist es wichtig, dass der Unternehmerlohn nicht überhöht angesetzt wird.

Aufgabe 3.11
Wie sind die Kosten einzuteilen nach:

- dem Aufwandszweck

- der Abhängigkeit vom Beschäftigungsgrad

- der Zurechenbarkeit auf den Kostenträger?

Aufgabe 3.12

1 Nennen Sie vier Kosteneinflussgrößen und geben Sie jeweils ein Beispiel!

2 Wenn die maximale Kapazität eines Hotels bei 512 Übernachtungen pro Tag, die optimale bei 500 und die tatsächliche Auslastung bei 460 Übernachtungen liegt, wie hoch ist dann:

2.1 der Beschäftigungsgrad bei optimaler Auslastung

2.2 der Beschäftigungsgrad bei tatsächlicher Auslastung?

2.3 der Beschäftigungsgrad bei tatsächlicher Auslastung bezogen auf die optimale Kapazität?

3 Wie entwickeln sich die Stückkosten bei:

- proportionalen Gesamtkosten

- überproportionalen Gesamtkosten

- unterproportionale Gesamtkosten?

Aufgabe 3.13

Aus der Kostenrechnung eines Hotelbetriebes sind folgende Werte für Kostenverläufe verschiedener Leistungen bekannt:

Leistung A - variable Stückkosten bei jeder Ausbringungsmenge bis zur Kapazitätsgrenze 5,00 €; fixe Kosten 20.000,00 €;

Leistung B - variable Stückkosten bis zu einer Produktion von 1000 Stück 5,00 €, dann Steigerung der variablen Stückkosten bei einer Produktionserhöhung um 100 Stück 2%/Stück; bei einer weiteren Produktionserhöhung um 100 Stück 3%/Stück und nochmals bei einer weiteren Produktionserhöhung bis zur Kapazitätsgrenze um 10%/Stück, jeweils bezogen auf die Ausgangssituation. Die fixen Kosten betragen 20.000,00 €.

Leistung C - es besteht die gleiche Kostensituation wie bei Leistung B, jedoch mit dem Unterschied, dass die variablen Stückkosten bei den genannten Produktionserhöhungen um die angegebenen Prozentsätze sinken.

1. Beschreiben Sie die Kostenverläufe A, B und C in Abhängigkeit von der Ausbringungsmenge!

2. Erläutern Sie jeweils beispielhaft, wie es zu den Kostenverläufen A, B und C kommen kann!

Aufgabe 3.14
Stellen Sie graphisch dar:

- den toten Punkt (break-even-point) als
   a) Schnittpunkt zwischen Erlös- und Kostengerade
   b) Nullstelle der Gewinngeraden

- kritische Punkte: Gegenüberstellung der Kostenkurven verschiedener Verfahren

Gehen Sie dabei von linearen Kostenkurven aus, bezeichnen Sie die Kurven exakt und geben Sie die Unterschiede zwischen den beiden Darstellungen an.

Aufgabe 3.15

Ein Caterer stellt in seinem Hauptbetrieb ein Menü her, von dem in der vergangenen Abrechnungsperiode 40.000 Stück produziert und zu 500.000,00 € verkauft wurden. Die fixen Kosten betrugen dabei 180.000,00 €, die proportional variablen Kosten 260.000,00 €. Die Kapazität beläuft sich auf 48.000 Stück.

1. Mit welchem Beschäftigungsgrad arbeitete der Betrieb in der vergangenen Abrechnungsperiode?

2. Ermitteln Sie den Break-even-point rechnerisch und zeichnerisch.
   Stellen Sie auch den Gewinn in der Grafik dar.
   (x-Achse: 2 cm = 10.000 Stück; y-Achse: 1 cm = 50.000 €)

3. Wieviel Stück sind zu erzeugen und abzusetzen, damit der Gewinn 8% beträgt?

Aufgabe 3.16

Das 250-Zimmer-Hotel "Europa" in Ludwigshafen hatte im November 3.000 Zimmerbelegungen, die Gesamtkosten in Höhe von 212.500,00 € verursachten. Im Dezember konnten 4.000 Zimmerbelegungen mit 250.000,00 € Gesamtkosten erreicht werden. Die Gesamtkosten verlaufen linear. Der Nettoverkaufspreis pro Zimmer und Übernachtung betrug 67,50 €.

1 Wie hoch sind die variablen Stückkosten?

2 Berechnen Sie die monatlich fixen Gesamtkosten!

3 Bei welcher monatlichen Auslastung liegt die Nutzenschwelle?

Aufgabe 3.17
Ermitteln Sie für die beiden Kostenfunktionen den kritischen Punkt rechnerisch:

$K_{(1)} = 2x + 30\,000$

$K_{(2)} = x + 45\,000$

Erläutern Sie die beiden Kostenfunktionen!

Aufgabe 3.18
Ein Unternehmen produziert seine Erzeugnisse mit einem Verfahren, das bei einer Produktionsmenge von 10.000 Stück Fixkosten in Höhe von 40.000,00 € und variable Kosten von insgesamt 10.000,00 € verursacht. Die Anlage soll modernisiert und erweitert werden. Das in Frage kommende neue Verfahren verursacht Fixkosten von 60.000,00 € und variable Stückkosten von 0,50 €.

1   Welche Menge muss mindestens hergestellt werden, wenn mit dem neuen Verfahren kostengünstiger produziert werden soll als mit dem alten?

2   Würden Sie die Anschaffung des neuen Verfahrens empfehlen, wenn die unter günstigsten Bedingungen maximal zu erwartende Absatzmenge bei 41.000 Stück liegt?

Aufgabe 3.19

Der Caterer Fritz Keller steht vor der Entscheidung, eine neue Kaffeeanlage für die Kantine einer Großbank anzuschaffen. Zur Wahl stehen zwei Projekte, entweder die Anlage A oder die Anlagen B und C.

	Anlage A	Anlage B	Anlage C
Fixkosten	150.000,00	40.000,00	85.000,00
Variable Kosten je Liter	2,00	2,75	2,50
Maximalkapazität in Liter je Stunde	200	80	120

Der Betrieb ist an 25 Tagen im Monat von morgens 7.00 Uhr bis abends 19.00 Uhr geöffnet. Ein Liter Kaffee ergibt vier Kännchen. Das Kännchen wird für 2,25 € verkauft.

1. Bei wieviel Litern liegt jeweils der Break-Even-Point?

Die Anlage A würde am Tag durchschnittlich vier Stunden voll genutzt, drei Stunden zu 60% und fünf Stunden zu 20%. Die Anlagen B und C müssten jeweils an neun bzw. sieben Stunden laufen, um die gleiche Menge an Kaffee zu produzieren.

2. Wie viel € beträgt jeweils der monatliche Gewinn? Treffen Sie aufgrund dieses Vergleiches eine Kaufentscheidung!

Aufgabe 3.20

Zeichnen Sie die Gesamtkostenkurve bei zunehmender Beschäftigung für einen Betrieb, der Fertigprodukte herstellt und dessen Gesamtkapazität 2.000 Gerichte beträgt. Die Fixkosten einschließlich der ersten Abfüllungsanlage betragen 20.000,00 €. Für je 500 Gerichte kommt eine weitere Abfüllanlage mit Fixkosten von 2.500,00 € hinzu. Die variablen Kosten betragen 20,00 € je Gericht.

Ermitteln Sie auch die Stückkosten bei den Beschäftigungsgraden 20%, 40%, 60% und 80%.

Aufgabe 3.21

Der Betreiber eines Flughafen-Schnell-Restaurants hat am Tag folgende Kosten- und Erlösstruktur:

Gedecke	Kosten	k	kv	E	G/V	g/v
0	900,00					
100	2.200,00					
200	2.800,00					
300	3.000,00					
400	3.100,00					
500	3.400,00					
510	3.452,55					
520	3.510,40					
530	3.573,85					
540	3.643,20					
550	3.718,75					
560	3.800,80					
570	3.889,65					
580	3.985,60					
590	4.088,95					
600	4.200,00					
700	5.800,00					
800	8.500,00					
900	12.600,00					
1.000	18.400,00					
1.100	26.200,00					
1.200	36.300,00					

1. Das Restaurant hat 60 Tische mit jeweils 4 Sitzplätzen, die maximal fünf Mal täglich belegt können.

2 Erstellen Sie eine Kostentabelle mit den gesamten und variablen Stückkosten (x, K, k, kv)!

3 Zeichnen Sie in je ein Koordinatensystem die Gesamtkosten- und Stückkostenkurve.

4 Bei welchem Belegungsgrad erstellt der Betrieb seine Leistung am kostengünstigsten?

5 Das Gedeck wird netto für durchschnittlich 10,00 € verkauft. Erweitern Sie Ihre Kostentabelle um den Leistungsbereich (E, G/V) und übertragen Sie die Werte in das Gesamtkostendiagramm.

6 Berechnen Sie die Differenzkosten (Grenzkosten) und zeichnen Sie die Kurve in das Stückkostendiagramm ein.

7 Bei welchem Belegungsgrad erzielt das Hotel seinen höchsten Gesamtgewinn?

8 Stellen Sie in den Koordinatensystemen die Lage der Nutzenschwelle bzw. Nutzengrenze fest.

9 Erweitern Sie die Kosten-Leistungstabelle um den Stückgewinn/-verlust (g/v).

10 Begründen Sie anhand des Stück- und Gesamtgewinns, warum Betriebsoptimum und Gewinnmaximum nicht identisch sind.

Aufgabe 3.22

Der Fertigmenühersteller "Packfix" stellt u. a. auch ein Gulasch-Fertiggericht her.
Berechnen und zeichnen Sie k, kv und kf gemäß den Kostenangaben.
Verwenden Sie zur Zeichnung Millimeterpapier (0,50 € = 1 cm; 100 X = 1cm)

x	K	kf	kv	k
0	750,00			
100	900,00			
200	1.010,00			
300	1.095,00			
400	1.175,00			
500	1.250,00			
600	1.320,00			
700	1.485,00			
800	1.950,00			
900	2.500,00			
1.000	3.150,00			

Bislang konnte "Packfix" als alleiniger Anbieter dieses Gulaschgerichts einen Stückerlös von 3,00 € erzielen bei einem täglichen Verkauf von 900 Stck.

1 Prüfen Sie, ob bei diesem Erlös ein Gewinn erzielt werden konnte!

Durch das Auftreten eines Konkurrenzunternehmens kann das gleiche Produkt nur noch für 2,50 € netto angeboten werden.

2 Prüfen Sie, ob auch bei diesem Stückerlös ein Gewinn möglich ist!

Der Konkurrenzdruck verschärft sich, und die Kunden sind nur noch bereit, 2,00 € netto für das Gericht zu zahlen!

3 Prüfen Sie, ob bei diesem Preis eine Produktion möglich ist, deren Kosten ganz oder teilweise gedeckt werden können!

"Packfix" hat Grund zu der Annahme, dass der Preisverfall nur auf einen kurzfristigen Preiskampf des Wettbewerbers zurückzuführen ist, um in den Markt einzusteigen.

4   Bis zu welcher Preisuntergrenze könnte "Packfix" kurzfristig mithalten?

5   In welcher Höhe würde dabei ein Verlust entstehen?

Aufgabe 3.23
Ein Hotel mit 100 Betten hat eine Kapazität von 30.000 Übernachtungen pro Jahr. Es fallen bei der maximalen Kapazitätsauslastung Kosten in Höhe von 300.000,00 € an, wobei die Hälfte proportionale Kosten sind. Der Erlös pro Übernachtung beträgt 25,00 €.

1   Erstellen Sie die Kostentabelle für die Kapazitätsausnutzungsgrade 10%, 20% usw. Mit folgenden Angaben: K, k, kv, kf, E, g/v, G/V

2   Berechnen Sie die Nutzenschwelle!

Geplante Erweiterungsinvestitionen erhöhen die Kapazität um 50%, dabei verdoppeln sich die fixen Kosten.

1   Wie ändern sich dadurch k, g und G bei Ausnutzung der neuen Kapazität
    zu 100%
    zu 80%

2   Wo liegt jetzt die Nutzenschwelle?

Aufgabe 3.24

Zur Heidelberger Hotelbetriebs GmbH gehört das Hotel "Badischer Hof" in Heidelberg. Das Hotel hat 60 Doppelzimmer und ist an 200 Tagen im Jahr geöffnet. Die Gesamtkosten bei den entsprechenden Belegungszahlen sind aus folgender Kostentabelle ersichtlich (Zimmerbelegung):

Belegungszahlen	Kosten in €
0	75.000,00
2.000	125.000,00
4.000	175.000,00
6.000	225.000,00
8.000	275.000,00
10.000	400.000,00
12.000	450.000,00

1. Beschreiben und begründen Sie den Verlauf der Gesamtkosten in Bezug auf den Beschäftigungsgrad!

2. Beschreiben Sie den Verlauf der Stückkosten in Bezug auf den Beschäftigungsgrad!

3. Ermitteln Sie die Nutzenschwelle bei einem Zimmererlös von 37,50 €!

4. Durch eine schlechte Saison beträgt die Auslastung nur 50 %. Beschreiben und erläutern Sie die Auswirkungen der rückläufigen Beschäftigung auf die Gesamtkosten!

Aufgabe 3.25

Ein Restaurant stellt u.a. ein Standardessen her und bietet es zu netto 9,00 € an. Die Kostenfunktion des Betriebes hat folgenden Verlauf:

$$K(x) = \begin{cases} (1)\ 6x + 400 & \text{für } 0 \leq x \leq 200 \\ (2)\ 6x + 600 & \text{für } 200 < x \leq 400 \\ (3)\ 6x + 900 & \text{für } 400 < x \leq 600 \\ (4)\ 6x + 1.300 & \text{für } 600 < x \leq 800 \\ (5)\ 6x + 1.800 & \text{für } 800 < x \leq 1.000 \end{cases}$$

1. Erstellen Sie die Kostentabelle mit K, G/V, k, g/v!

2. Zeichnen Sie die Kostenkurven!

3. Berechnen Sie die Nutzenschwelle! Gibt es in diesem Fall eine Nutzengrenze? (Begründung)

Das Restaurant möchte seine Kapazität ausnützen, begnügt sich jedoch mit einem Gewinn von 1.000,00 €.

4. Zu welchem Preis kann nun das Essen angeboten werden?

Aufgabe 3.26
Aus dem Bistro der Hotelfachschule Heidelberg liegen Ihnen folgende Vergleichszahlen vor:

Monat	Essen	Arb.std.	Stundenlohn	Material/Stück	Fixkosten
Sept.	2.856	160	5,00 €	0,50 €	250,00 €
Okt.	3.109	168	5,50 €	0,50 €	250,00 €

Die Essen wurden für 1,00 € netto ausgegeben!
Prüfen Sie, in welchem Monat die Wirtschaftlichkeit höher war!

Aufgabe 3.27
Die variablen Kosten einer Hotelküche betragen durchschnittlich 70% der Erlöse. Die fixen Kosten sind mit 120.000,00 €/Rechnungsperiode ermittelt worden.

1   Bei welchem Nettoerlös wird er BEP erreicht?

2   Wie verschiebt sich der BEP, wenn starke Konkurrenz zu einer durchschnittlichen Preissenkung von 10% zwingt.

3   Ab wann wird Gewinn erzielt, wenn sich bei der Hälfte der Gäste eine Preiserhöhung von 6%, bezogen auf die Ausgangssituation, durchsetzen lässt.

Aufgabe 3.28

Bei eine Hersteller von Fertiggerichten ergeben sich für das beliebte Gericht Naturel für das erste und zweite Quartal 20.. folgende Zahlen:

Quartal	Erzeugte und verkaufte Menge in Stück	Selbstkosten in €	Erlöse in €
I	90000	660000,00	720000,00
II	40000	410000,00	320000,00

1. Wie hoch muss der Absatz sein, wenn ein Gewinnsatz von 20% der Selbstkosten erreicht werden soll?

2. Wie hoch muss der Absatz sein, wenn die Umsatzrentabilität 5% betragen soll?

Aufgabe 3.29

Der Hotelbetrieb "Strahlenburg", Weinheim legt zur Kostenanalyse folgende Zahlen vor:

Belegungsgrad	Gesamtkosten in €
0	300.000,00
10%	327.000,00
20%	354.000,00
30%	381.000,00
40%	408.000,00
50%	435.000,00
60%	462.000,00
70%	489.000,00
80%	523.500,00
90%	568.500,00
100%	623.500,00

100 % Belegung entspricht 36.000 Übernachtungen pro Jahr.

1. Beschreiben und begründen Sie den Verlauf der Gesamtkostenkurve mit Hilfe der Grenzkosten!

Angenommen, die Kosten betragen beim

Belegungsgrad	Gesamtkosten in €
10 % - 70 %	siehe oben
80 %	516.000,00
90 %	543.000,00
100 %	570.000,00

2 Ab welchem Belegungsgrad erwirtschaftet das Hotel im Beherbergungsbereich Gewinn bei einem Erlös pro Übernachtung von 27,50 €?

Angenommen, die Geschäftsleitung des Hotels plant Erweiterungsinvestitionen, die die Kapazität des Hotels um 30 % erhöhen, wobei sich die fixen Kosten um 50 % erhöhen. Der Erlös kann zunächst nicht erhöht werden.

3 Erstellen Sie eine Kostentabelle. Die Kosten entwickeln sich bis zur Kapazitätsgrenze proportional.

4 Wie ändert sich der Gewinn bei Ausnutzung der neuen Kapazität zu 60 %?

5 Ab welchem Belegungsgrad erwirtschaftet das Hotel nun Gewinn?

6 Erläutern Sie, inwiefern sich eine Verschiebung der Nutzenschwelle nach der Erweiterungsinvestition zuungunsten des Betriebes auswirken kann!

7 Welcher Erlös pro Übernachtung müsste unter Kostengesichtspunkten vom Hotel verlangt werden, wenn Gewinn ab dem gleichen Belegungsgrad wie vor der Erweiterung erzielt werden soll?

Aufgabe 3.30

In den Badischen Metallverarbeitungs-Werken (BMW) in Heidelberg betreibt ein Pächter die Werkskantine zur Verköstigung der Mitarbeiter. Die Fixkosten betragen monatlich 45.000,00 €. Je ausgegebenem Essen fallen variable Kosten in Höhe von 1,45 € an. Die Mitarbeiter zahlen 1,50 € je Essen. Die Unternehmensleitung gibt einen Zuschuss von 0,75 € pro ausgegebener Mahlzeit. Die Essensausgabe ist an 20 Tagen im Monat geöffnet. Täglich werden im Durchschnitt 2.900 Essen ausgegeben!

1. Bei wie viel Essen im Monat liegt die Nutzenschwelle?

2. Durch allgemeine Preissteigerungen verteuert sich der Wareneinsatz. Die variablen Kosten steigen auf 1,50 € pro Stück. Berechnen Sie den Stückverlust bei 2.900 Essen täglich!

3. Um die Kostensteigerung aufzufangen, beschließt die Unternehmensleitung, die Personalkosten für Wareneinkauf einzusparen und überträgt diese Aufgaben der Abteilung "Beschaffung und Lagerung". Die Personalkosten betragen dafür einschließlich Lohnnebenkosten 1.500,00 € im Monat. Berechnen Sie unter Berücksichtigung der Kostensteigerung und -einsparung die neue Nutzenschwelle pro Tag!

4. Vier Monate danach entschließt sich die Unternehmensleitung zu einer Preiserhöhung. Die Mitarbeiter sollen künftig 1,75 € pro Essen zahlen. Die durchschnittliche Essensausgabe sinkt daraufhin um 300 Essen! (pro Tag) Wo liegt die Nutzenschwelle?

5 Wegen einer Betriebserweiterung wird die Kantine auf eine Kapazität von 6.000 Essen aufgestockt. Die neuen Fixkosten betragen 100.000,00 €. Die variablen Stückkosten können auf 1,40 € gesenkt werden!
   Welcher Preis müsste von den Mitarbeitern verlangt werden, um bei voller Auslastung kostendeckend zu arbeiten?

6 Der Preis soll so festgelegt werden, dass bei einer Auslastung von 80 % bezogen auf die Aufgabenstellung e) ein Verlust von € 4.000,00 monatlich entsteht, der mit Gewinnen aus dem Betrieb von Verkaufsstellen im Unternehmen gedeckt werden soll.
   Wie hoch ist der neue Preis?

Aufgabe 3.31

Der Hotelkonzern Otterbach beschäftigt einen Außendienstmitarbeiter, der die Firmen in der Umgebung betreut, um den Konferenzbereich besser auszulasten. Der Mitarbeiter soll einen Geschäftswagen zur Verfügung gestellt bekommen. Bei einer Fahrleistung von 48 000 km im Jahr fallen folgende Kosten an:

Benzinverbrauch	5000 Liter zu je 1,00 €
Ölverbrauch	je 1000 km 1 l zu 12,00 €
Steuern	114,00 € im Jahr
Versicherung/Vollkasko	410,00 € im Jahr
Garage	45,00 € im Monat
Reparatur/Inspektion	600,00 € im Jahr (variabel)
Abschreibungen	5.000,00 € im Jahr (BGN 4 Jahre)

1 Ermitteln Sie die fixen Kosten je Monat, die variablen Kosten je 100 km und die Gesamtkosten im Jahr.

Statt eines Geschäftswagens wäre der Mitarbeiter auch bereit einen privaten PKW zu kaufen. Er verlangt für den Kilometer 35 Cent und einen Zuschuss zum Kaufpreis von 8.000,00 €.

2   Entscheiden Sie unter Kostengesichtspunkten, welche Möglichkeit für Sie günstiger ist! Der Rechenweg ist erforderlich!

3   Angenommen, die Lösung mit dem Privatwagen ist teurer. Welche Gründe könnten Sie trotzdem veranlassen, diese Alternative zu wählen?

Angenommen, das Hotel entscheidet sich für den Geschäftswagen. Der Mitarbeiter soll das Fahrzeug auch für private Zwecke nutzen können. Das Hotel verlangt als km-Pauschale von dem Mitarbeiter die Selbstkosten. Die Fahrleistung des PKW steigt auf 60.000 km.

4   Über welchen Betrag muss die km-Pauschale lauten?

5   Worauf führen Sie die Unterschiede zur Aufgabe 10 zurück?

Aufgabe 3.32

Das Motel "Heidelberg Inn" verfügt über 100 Zweibettzimmer und ist ganzjährig geöffnet. Die fixen Kosten betragen monatlich 100.000,00 €, die proportionalen-variablen Kosten belaufen sich auf je 20,00 € pro Bett. Das Bett wird für 56,25 € netto einschließlich Frühstück verkauft. Die Zimmer sind immer mit zwei Personen belegt. Legen Sie bei Ihren Berechnungen den April zugrunde.

1. Ab welchem Bettenbelegungsgrad erwirtschaftet das Motel Gewinn?

2. Wie verhalten sich die Stückkosten bei zunehmendem Belegungsgrad?

3. Wie groß ist der maximal erzielbare Gesamt- und Stückgewinn im April?

4. Berechnen Sie die Nutzenschwelle periodenbezogen, d.h. an welchem Tag des Monats April ist der Break-even-Umsatz erreicht unter der Voraussetzung einer 80%igen Bettenbelegung?

Auf der Suche nach einer Verbesserung der Kostensituation findet man eine Möglichkeit die variablen Kosten auf € 15,00 zu senken, wobei dann aber die fixen Kosten um 20.000,00 € pro Monat steigen.

5. Ab wie viel verkauften Übernachtungen wäre die neue Kostensituation gegenüber der ersten günstiger?

6. Wie groß ist jetzt der maximal erzielbare Gesamt- und Stückgewinn im April?

Aufgabe 3.33

Ein Café hat aufgrund steigender Nachfrage durch die Schüler einer benachbarten Schule ein paar Tische und Stühle auf der Straße aufgestellt, um dort während des Sommers seine Eisspezialitäten anzubieten. Eine anschließende Verkaufs- und Kostenanalyse ergab folgende Daten:

Es konnten bei einer Auslastung von 75% 22.500 Portionen zum Einführungspreis von 0,30 € (netto) pro Portion verkauft werden. Die fixen Kosten beliefen sich auf 2.205,00 €, die gesamten proportionalen variablen Kosten auf 3.600,00 €.

1 Ermitteln Sie den Gewinn bzw. Verlust, der dabei erzielt wurde.

2 Um wie viel € bzw. Prozent könnte der Kartenpreis pro Portion Eis gesenkt werden, wenn das Café lediglich Selbstkostendeckung bei einer Auslastung von 85% anstrebt?

Aufgabe 3.34

Das Hotel "Heidelberger Hof" in Heidelberg verfügt über 130 Einzelzimmer und ist ganzjährig geöffnet. Die variablen Kosten pro Zimmer betragen 11,25 €. Im Monat fallen 125.000,00 € Fixkosten an. Der Nettoverkaufspreis pro Einzelzimmer beträgt 67,50 €.

1. Wie viel Zimmer müssen im Jahr vermietet werden, wenn kostendeckend gearbeitet werden soll?

2. Wie viel Euro muss der Nettoverkaufspreis pro Zimmer bei einer Belegung von 40.000 Einheiten betragen, wenn alle Kosten gedeckt werden sollen und der Betrieb außerdem einen Monatsgewinn von 55.000,00 € erwirtschaften muss?

3. Kann der Monatsgewinn erhöht werden, wenn bei einer Senkung des im Fall 2 ermittelten Nettoverkaufspreises um 10% die Belegung um 5000 Zimmer steigen würde?

Geplante Erweiterungsinvestitionen erhöhen die Kapazität um 30%, dabei steigen die fixen Kosten um ein Drittel an!

4. Wie ändern sich dadurch k, g und G bei Ausnutzung der neuen Kapazität zu

    a. 100%

    b. 80%

5. Bei welcher Zimmeranzahl liegt nunmehr die Nutzenschwelle?

6. An welchem Tag im Monat ist die Nutzenschwelle erreicht.

4. Kostenstellenrechnung

Aufgabe 4.1
In der Kostenstellenrechnung verteilen wir die Kostenarten auf die Betriebsbereiche (Kostenstellenbereiche), die die Kosten verursacht haben.

1 Welche Aufgaben hat die Kostenstellenrechnung?

3 Nach welchen Prinzipien können Kostenstellen gebildet werden?

4 Unterscheiden Sie zwischen Kostenträger-Einzelkosten und Kostenträger-Gemeinkosten auf der einen Seite und Kostenstellen-Einzelkosten und Kostenstellen-Gemeinkosten auf der anderen Seite.

Aufgabe 4.2
Richten Sie aufgrund des folgenden Organigramms Kostenstellen ein!

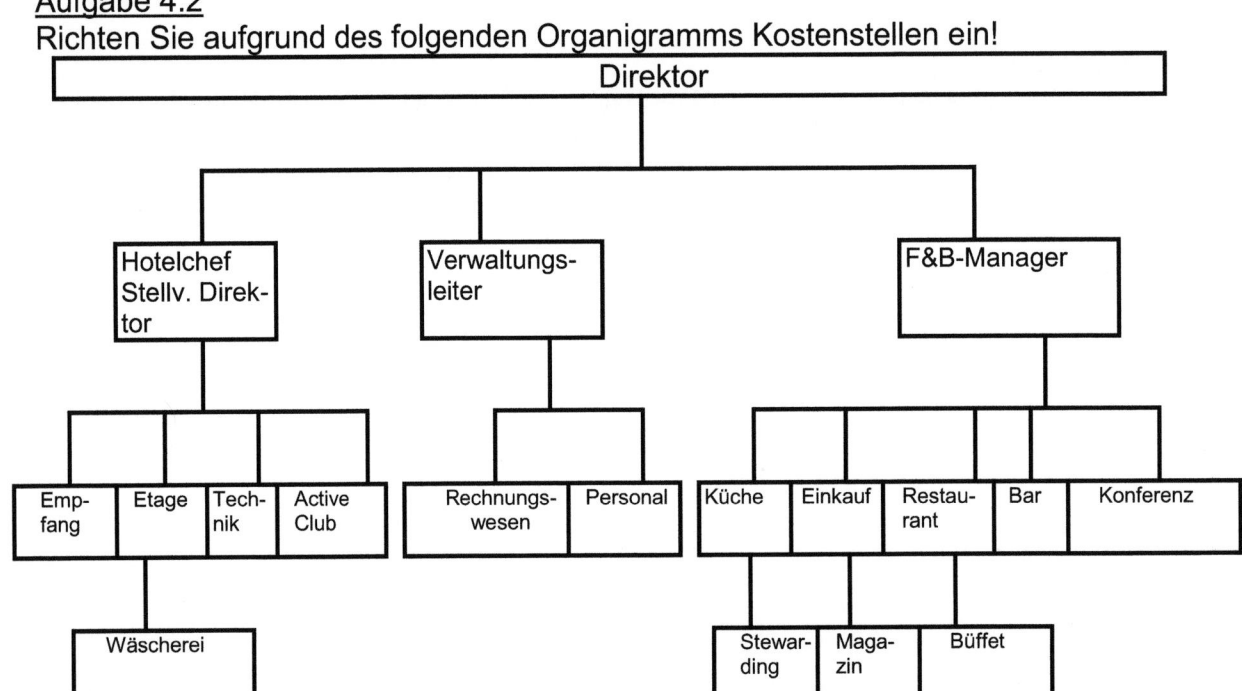

Aufgabe 4.3
Welche Größen erscheinen Ihnen zweckmäßig für die Festlegung des Verteilungsschlüssels für

- Strom

- Heizung

- Versicherung des Hotels

- Sozialversicherung

- Werbung?

Aufgabe 4.3
Erklären Sie die rechnerische Durchführung der Verteilung der Werbekosten nach dem Umsatzschlüssel.

Konten	Soll	Haben
40 00 10		150000,00
40 00 20		200000,00
40 00 30		250000,00
66 00 00	6300,00	

Aufgabe 4.4

Hotel "Waldstein" führt einen BAB mit den Kostenstellen: Beherbergung, Küche, Keller. Sie sollen die Gemeinkosten über BAB nach folgenden Angaben verteilen:

Konto	Kosten/Erlöse	Verteilung (Reihenfolge siehe oben)
40 00 10	33.375,00	
40 00 20	31.450,00	
40 00 30	29.200,00	
60 10 01	6.400,00	
60 10 02	9.450,00	
60 10 03	8.400,00	
60 30 00	3.395,00	Einzellöhne
60 60 00	2.910,00	Einzellöhne
63 25 00	780,00	4:2:1
63 25 00 Küche	455,00	direkt
63 20 00	1.200,00	4:2:1
76 50 00	1.200,00	Umsätze
64 00 00	840,00	Umsätze
63 30 00 Beher.	360,00	Beherbergung
63 30 00 Rest.	405,00	Keller/Restaurant
65 00 00	4.200,00	50%, 30%, 20%
68 27 00	720,00	Umsätze
68 15 00	420,00	Umsätze
68 05 00	495,00	Umsätze
66 00 00	480,00	Umsätze
62 20 00	4.650,00	5:3:2

Aufgabe 4.5

Sie bekommen aus dem Rechnungswesen eines Hotel-Restaurants folgende Daten vorgelegt:

Konten	Soll	Haben	Konten	Soll	Haben
40 00 10		229.250,00	61 10 00	4.600,00	
40 00 20		115.650,00	61 20 00	2.175,00	
40 00 30		65.550,00	63 25 00	46.850,00	
40 00 50		220.080,00	63 25 00 Kü	8.700,00	
50 00 20	82.350,00		63 30 00 Be	35.280,00	
50 00 30	27.400,00		68 05 00	11.835,00	
60 10 01	46.800,00		66 00 00	25.725,00	
60 10 02	70.200,00		68 52 00	1.935,00	
60 10 03	23.400,00		62 20 01	40.250,00	
60 30 00	17.245,00		62 22 00	9.198,00	
			73 00 00	29.304,75	

Verteilungsschlüssel für die Gemeinkosten:

a) Die sonstigen Löhne und Gehälter sind im Verhältnis der Umsätze aus Beherbergung, Speisen und Getränken aufzuteilen, alle weiteren Personalgemeinkosten im Verhältnis der Einzellöhne.

b) Die Abschreibungen auf Gebäude und Maschinen sind entsprechend dem Anlageverzeichnis im Verhältnis 2:2:16 (Küche : Restaurant : Beherbergung) zu verteilen.

c) Die Abschreibungen auf Kraftfahrzeuge sind nach den Kilometerleistungen für Küche 5840 km, für Restaurant 2920 km und für Beherbergung 11680 km aufzuteilen.

d) Die Zinsen sind für Investitionen im Beherbergungsbereich (Restschuld 195.300,00 €) und in der Küche (Restschuld 160.950,00 €) bei einem Zinssatz von 8% bzw. 8,5% entstanden.

e) Für die Kostenstellen wurde folgender Stromverbrauch festgestellt:

Restaurant	Beherbergung	Küche
5.750,7 kWh	11.501,4 kWh	46.005,6 kWh

f) Die restlichen Gemeinkosten sind wie folgt (Küche : Restaurant : Beherb.) zu verteilen:
68 05 00 - 1:1:11 / 66 00 00 - 3:1,5:1,5 / 68 50 11 - 0:1:4.

g) Die sonstigen Umsatzerlöse sind im Verhältnis der Abteilungsumsätze aufzuteilen.

1   Verteilen Sie die Gemeinkosten in einem Betriebsabrechnungsbogen entsprechend der angegebenen Schlüssel!

2   Ermitteln Sie das Betriebsergebnis Küche, Restaurant und Beherbergung!

Aufgabe 4.6
1 Unterscheiden Sie die Begriffe:
- Hauptkostenstelle

- allgemeine Kostenstelle

- Hilfskostenstelle

Erläutern Sie deren Funktionen!

2   Beschreiben Sie in chronologischer Reihenfolge die Technik der Aufstellung und Auswertung des BAB.

3   Welche Vorteile hat es, wenn ein mehrstufiger BAB geführt wird?

Aufgabe 4.7

Die monatliche Kostenstellenrechnung des Hotel-Restaurants "Heidelberger Hof" weist folgende Gemeinkostensummen in den Kostenstellen aus:

Allgem. Kostenstelle EDV 80 qm	Material			Leistungserstellung			Hilfskostenstelle	Verwaltung
	Küche 40 qm	Keller 120 qm	Beherb. 60 qm	Küche 160 qm	Restaurant 320 qm	Berherb. 2560 qm	Wäscherei 180 qm	60 qm
16.425,00	23.000,00	14.000,00	49.200,00	62.550,00	55.500,00	72.650,00	15.000,00	16.900,00

Folgende Kostenarten sind noch den Kostenstellen zu belasten:

a) Kalkulatorische Miete beträgt 26.850,00 €. Die Verteilung erfolgt nach der Nutzfläche.

b) Kalkulatorische Zinsen: 15.985,00 €. Für die Verteilung gilt folgender Schlüssel: 2 : 2 : 4 : 1 : 3 : 3 : 4 : 2 : 2

c) Die Kostenstelle EDV wird von allen genutzt, die Kosten werden wie folgt verteilt: 0,2 : 1,8 : 1,6 : 1,3 : 1,2 : 0,6 : 0,3 : 2.

d) Die Kosten der Wäscherei werden nach Arbeitsstunden abgerechnet. Die Fertigungsstelle Küche hat danach 30 Stunden, das Restaurant 40 und der Beherbergungsbereich 90 in Anspruch genommen.

e) Das Konto 50 00 20 weist Kosten in Höhe von 62.700,00 €, das Konto 50 00 30 von 39.300,00 € auf und im Konto 40 00 20 sind Erlöse von 218.300,00 € erfasst. In diesem Monat wurden 15.000 Zimmer verkauft.

Erstellen Sie einen BAB und ermitteln Sie die GK-Umlage für jede Hauptkostenstelle. Danach sind die Zuschlagssätze zu ermitteln!

Aufgabe 4.8

Zur Durchführung eines mehrstufigen BAB liegen Ihnen die folgenden Werte in € vor:

50 00 20	Lebensmittel		711.000,00
50 00 30	Getränke		315.500,00
60 10 01	Gehälter Beherbergung (GK-Löhne)		319.000,00
60 10 02	Gehälter Küche		282.500,00
60 10 03	Gehälter Restaurant		96.000,00
60 10 04	Gehälter Bankett		100.000,00
61 10 00	gesetzliche soziale Aufwendungen		160.000,00
63 25 00	Energie		90.000,00
64 00 00	Versicherungen		184.500,00
68 15 00	Bürobedarf		99.000,00
63 35 00	Instandhaltung		8.000,00
62 20 00	Abschreibung		208.000,00
73 00 00	Zinsen		120.000,00

Verteilungsschlüssel:

Konto			Material		Fertigung			Verwaltung		
			Kü	Getr	Beh	Kü	Rest	RW	Verw	PR
60 10 01			-	-	8	-	-	-	-	-
60 10 02			1	-	-	9	-	-	-	-
60 10 03			-	2	-	-	9	-	-	-
60 10 04			-	-	-	-	-	1	2	1
61 10 00			1	1	2	3	2	1	1	1
63 25 00			1	1	-	2	1	1	1	1
64 00 00			zu gleichen Teilen							
68 15 00			-	-	-	-	-	1	2	1
63 35 00			zu gleichen Teilen							
62 20 00			2	2	3	2	2	1	2	1
73 00 00			2	2	4	3	3	1	2	1
Verteilung der allgemeinen Kostenstelle:										
			2	1	2	2	1	-	1	-

Ermitteln Sie anschließend die Gemeinkostenzuschläge. Dabei ist für die Beherbergung von folgenden Werten auszugehen:

180 Betten

362 Öffnungstage bei 61% Belegung

Die Übernachtungszahl ist auf die nächste volle Zahl aufzurunden.

Aufgabe 4.9

Die monatliche Kostenstellenrechnung des Hotel-Restaurants "Heidelberger Hof" weist folgende Gemeinkostensummen in den Kostenstellen aus (siehe nächste Seite):

Das Konto 50 00 20 hat Kosten in Höhe von 62.700,00 €, das Konto 50 00 30 von 39.300,00 € auf und im Konto 40 00 20 € sind Erlöse von 218.300,00 € erfasst. In diesem Monat wurden 15.000 Zimmer verkauft.

Erstellen Sie in der folgenden Tabelle die Zuschlagssätze!

Kostenarten		Verteilungsschlüssel									Allgemein Kostenst.	Materialbereich			Fertigungsbereich			Hilfskosten		Summe
Kto-Nr.	Betrag	1	2	3	4	5	6	7	8	9	Kostenst.	Küche	Restaurant	Beherb.	Küche	Restaurant	Beherb.	Wäscherei	Verw.	
Summe											16425,00	23000,00	14000,00	49200,00	62550,00	55500,00	172650,00	15000,00	16900,00	425225,00
Kalk.Miete	26850,00	8	4	12	6	16	32	256	18	6		600,00	300,00	450,00	1200,00	2400,00	19200,00	1350,00	450,00	26850,00
Kalk.Zinsen	15985,00	2	2	4	1	3	3	4	2	2	1390,00	1390,00	2780,00	695,00	2085,00	2085,00	2780,00	1390,00	1390,00	15985,00
GK	42835,00										18415,00	24690,00	17680,00	50345,00	65835,00	59985,00	194630,00	17740,00	18740,00	468060,00
Umlage																				
Allgem. Kostenst.																				
EDV			2	18	16	13	12	6	3	20		409,22	3683,00	3273,78	2659,94	2455,33	1227,67	613,83	4092,22	18415,00
Hilfskostenstelle																				
Wäscherei					3	4	9								3441,34	4588,46	10324,03	18353,83		18353,83
GK nach Umlage											18415,00	25099,22	21363,00	53618,78	71936,29	67028,79	206181,70		22832,22	468060,00
Zuschlagsatz																				
Bezug																				

Aufgabe 4.10

Hotel "Waldstein" führt einen BAB mit den Kostenstellen: Beherbergung, Küche, Keller.

Nehmen Sie die Verteilung der Gemeinkosten nach dem vorgegebenen Verteilungsschlüssel in dem Betriebsabrechnungsbogen vor.

Ermitteln Sie die Gemeinkostenzuschlagssätze für die Hauptkostenstellen, wenn die Materialeinzelkosten 85.500 € betragen.

Kostenart	Kosten in €	Verteilungsschlüssel / Kostenstellen Fläche in qm	Material 400	Fertigung Küche 500	Fertigung Restaurant 900	Verwaltung 100	Summe
Löhne und Gehälter	56.000,00 €	direkt	3.600,00 €	28.000,00 €	12.000,00 €	12.400,00 €	56.000,00 €
Hilfslöhne	13.000,00 €	direkt		4.000,00 €	9.000,00 €		13.000,00 €
Heizungskosten	6.650,00 €	Fläche					
Energiekosten	6.500,00 €	1:7:4:1					
Gaskosten	2.800,00 €	100 % auf Fertigung Küche					
Abschreibungen	14.400,00 €	5:32:20:3					
Sonstige Gemeinkosten	25.898,00 €	direkt	3.560,00 €	11.700,00 €	7.998,00 €	2.640,00 €	25.898,00 €
Σ Gemeinkosten	125.248,00 €						
Gemeinkostenzuschlagssatz							
Bezugsbasis							

Aufgabe 4.11

Das Hotel "Heidelberger Hof" hatte im letzten Jahr 8540 Zimmerbelegungen. Die Kostenrechnung gibt folgende Gemeinkosten vor:

Kostenarten		Verteilungsschlüssel									
Konten.Nr.	Beträge										
60 00 00	490.000,00										
61 10 00	98.000,00										
kalk.U-Lohn	30.150,00										
76 50 00	3.280,00										
65 00 00	3.290,00										
68 15 00	1.730,00										
68 50 11	2.845,00										
63 10 10	30.000,00										
63 35 00	4.900,00										
62 20 00	51.745,00										
73 00 00	7.730,00										

Allgemeine Kostenstellen:

Fuhrpark		2									
Handwerker											
Nebenkostenstelle											
Hilfskostenstelle											

Kostenstellen	Einzelkosten	
Allgemeine Kostenstellen	Material Küche	20.250,00
1.Fuhrpark	Material Keller	14.000,00
2.Handwerker	Fertigung Beherb.	8540 Zimmer
Materialbereich		
3.Küche		
4.Keller		
5.Beherbergung		
Fertigungsbereich		
6.Spüle (Hilfskostenstelle)		
7.Partyservice (Nebenkostenstelle)		
8.Küche		
9.Restaurant		
10.Beherbergung		
Verwaltung		

11. Verwaltung

Aufgabe: Erstellen Sie einen BAB und ermitteln Sie die Zuschlagssätze!

Aufgabe 12.12
Die Kostenstellenrechnung ist ein wichtiges Bindeglied zwischen der Kostenartenrechnung und der Kostenträgerrechnung.

1. Stellen Sie den Zusammenhang zwischen der Kostenarten-, Kostenstellen- und Kostenträgerrechnung zeichnerisch dar!

2. Erläutern Sie, warum in der Kostenrechnung versucht wird, mit Hilfe der Kostenstellenrechnung die Kalkulationsgenauigkeit zu erhöhen?

5. Kostenträgerrechnung

Aufgabe 5.1
Die letzte Zeile eines jährlichen BAB zeigt folgende Werte:

Material: Beherbergung	27.990,00 €
Küche	22.360,00 €
Rest./Keller	22.960,00 €
Fertigung: Beherbergung	343.527,00 €
Küche	67.560,00 €
Restaurant	50.890,00 €
Verwaltung	72.170,00 €

Die Buchhaltung liefert hierzu weiter die folgenden Werte:

Materialeinzelkosten: Küche	223.600,00 €
Rest./Keller	95.600,00 €

Das Hotel verfügt über 100 Zimmer und ist an 360 Tagen geöffnet. Die Kapazitätsauslastung beträgt 68%.

1 Ermitteln Sie die Zuschlagssätze auf zwei Dezimalstellen kaufmännisch gerundet!

2 Kalkulieren Sie mit den von Ihnen ermittelten Zuschlagssätzen ein Arrangement mit 1 Übernachtung. Der Materialeinsatz für Speisen beträgt 8,10 €, für Getränke 4,20 €. Der Gewinn wird mit 10 %, das Bedienungsgeld mit 15 % auf Speisen und Getränke kalkuliert. Es ist der Inklusivpreis aus zu rechnen.

Aufgabe 5.2
Im "Schnorrenbacher Hof" wird für ein Wochenendangebot eine Übernachtung mit Frühstück und ein Abendessen mit einer Flasche Wein vorgesehen. Die Buchhaltung liefert folgende Daten: letzte Zeile des monatlichen BAB:

Material			Leistungserstellung			Verwaltung
Küche	Keller	Beherb.	Küche	Rest.	Beherb.	
18.000,00	21.000,00	9.000,00	150.000,00	40.000,00	200.000,00	65.000,00

Einzelmaterial: Küche: 92.000,00 €   Belegung: 324 Tage/Jahr
Rest.: 75.000,00 €   400 Betten 70 % Auslastung

1 Ermitteln Sie die Gemeinkostenzuschlagssätze bei den üblichen Berechnungsgrundlagen. Als Fertigungseinzelkosten im Hotel ist die tatsächliche Auslastung zu verwenden

2 Ermitteln Sie den Inklusivpreis für das Wochenendangebot bei 12% Bedienungsgeld (<u>auch</u> auf Beherbergung, Etagenservice!), 25% Gewinn, Materialeinsatz: Speisen 6,25 €, Wein 2,50 €.

3 Welcher Gewinn (in € und %) könnte alleine bei der Übernachtung erzielt werden, wenn diese messebedingt zu 74,70 € verkauft werden könnte?

Aufgabe 5.3
Kalkulieren Sie den Inklusivpreis für ein Wochenendangebot für eine Person mit 2 Übernachtungen im Einzelzimmer unter folgenden Bedingungen:

	Speisen, gesamt	Getränke, gesamt	pro Übernachtung
Materialeinzelkosten	14,05 €	8,20 €	
Materialgemeinkosten	12,5%	30%	2,10 €
Küchengemeinkosten	60%		
Restaurantgemeinkosten	25%	25%	
Beherbergungsgemeinkosten			18,00 €

Die Verwaltungsgemeinkosten betragen 10%, der Gewinn 12,5%, das Bedienungsgeld wird mit 15% kalkuliert.

Aufgabe 5.4
Die Hotelkette "Heidelberger Hof" bezog bei der Winzergenossenschaft 5250 Flaschen (0,7 l) Schriesheimer Kuhberg zu folgenden Bedingungen: 2,20 € je Flasche, 6 1/3% Mengenrabatt, 3% Skonto bei sofortiger Zahlung, Frachtkosten 125,98 €, 0,5% Transportversicherung vom Zieleinkaufspreis.

Berechnen Sie den Bezugspreis für die Lieferung und für eine Flasche!

Aufgabe 5.5
Der Gastwirt und Weinhändler Leber möchte auch Sekt in sein Handelssortiment aufnehmen und diesen Sekt - um die Konkurrenz zu unterbieten - für brutto 5,90 € pro Flasche verkaufen.

1 Welchen Listenpreis kann er im Einkauf aufwenden, wenn der Lieferer bereit ist, 25% Rabatt und 2% Skonto bei Zahlung innerhalb von 14 Tagen zu gewähren und Bezugskosten von 0,25 € pro Flasche anfallen? Leber selbst kalkuliert mit 15% Kundenrabatt und 3% Kundenskonto. Als Gewinn erwartet er 10%, seine Handlungskosten muss er mit 20% ansetzen.

2 Wie muss Leber buchen, wenn er am 29. März 250 Flaschen auf Ziel er hält, und auch die Bezugskosten vom Weinhändler in Rechnung gestellt werden?

3 Wie ist zu buchen, wenn Leber am 05.04. die Rechnung für obige Lieferung per Banküberweisung bezahlt?

Aufgabe 5.6

Das Restaurant "Goldener Weinberg" im Hotel "Heidelberger Hof" richtet für 50 Personen ein Extraessen aus. Das 4-Gänge-Menü besteht aus einer Salmterrine, einer klaren Ochsenschwanzsuppe, einem Kalbsrücken Orlow und Erdbeeren. Der Wareneinsatz beträgt insgesamt:

Vorspeise	141,88 €
Suppe	68,68 €
Fleischgang	453,84 €
Dessert	47,93 €

1. Wie hoch kommt der Inklusivpreis für ein Essen, wenn mit folgenden Zuschlagssätzen gerechnet wird: 19,7 % Materialgemeinkosten, 30 % Küchengemeinkosten, 28 % Restaurantgemeinkosten, 7,5 % Verwaltungsgemeinkosten. 16 2/3 % Gewinn und 15 % Bedienungsgeld.

2. Bei der Nachkalkulation stellt der Küchenchef fest, dass bei diesem Essen für 16,25 € Rohmaterial pro Person verbraucht wurde. Wie hoch war der Erfolg in € und %?

Aufgabe 5.7

Für das Restaurant wird geprüft, ob ein zusätzlicher Spitzenwein beschafft und in die Getränkekarte aufgenommen werden soll. Der Kartenpreis soll, genau wie bei den bereits enthaltenen vergleichbaren Weinen, 38,75 € betragen. Das Hotel kalkuliert im Kellerbereich mit einem Materialgemeinkostenzuschlag von 8%, die Restaurantgemeinkosten werden mit 30% und die Verwaltungsgemeinkosten mit 25% veranschlagt; für Bedienung werden 12% angesetzt.

Angebotsbedingungen: Bei Abnahme von mindestens 50 Flaschen wird ein Mengenrabatt von 15% gewährt, bei Bestellungen unter 20 Flaschen wird ein Mindermengenzuschlag von 5% erhoben; bei Zahlung innerhalb von 10 Tagen 2% Skonto; für Transportkosten werden dem Käufer pauschal 0,36 €/Flasche in Rechnung gestellt.

Wie hoch darf der Listenpreis des Lieferers höchstens sein, wenn das Hotel einen Gewinn von 10% realisieren möchte und 50 Flaschen bestellt?

Aufgabe 5.8

Ein Händler für Kantinenbedarf kalkuliert mit folgenden Einzelzuschlägen:

Handlungskosten	60 %
Gewinn	15 %
Skonto	3 %
Vertreterprovision	5 %
Kundenrabatt	20 %

Aus Konkurrenzgründen kann die Ware nur zu einem Nettoverkaufspreis von 285,00 € abgesetzt werden.

Ermitteln Sie Handelsspanne, Kalkulationszuschlag und Kalkulationsfaktor.

Aufgabe 5.9
Ein Weinhändler ermittelte für die abgelaufene Rechnungsperiode folgende Zahlen:

Warenanfangsbestand	235.000 €
Wareneinkauf	1.405.000 €
Bezugskosten	15.000 €
Warenrücksendungen an Lieferer	5.000 €
Warenendbestand	210.000 €
Allgemeine Handlungskosten	240.000 €
Reingewinn lt. GuV	134.400 €

Ermitteln Sie die Handelsspanne, den Kalkulationszuschlagssatz und den Kalkulationsfaktor!

Aufgabe 5.10
Wie hoch darf der Materialeinsatz des Küchenchefs sein, wenn der Inklusivpreis 52,60 € beträgt, mit 10 % Gewinn, 15 % Bedienungsgeld, 11 % Verwaltungsgemeinkosten, 15 % Restaurantgemeinkosten, 12 % Materialgemeinkosten und 24 % Küchengemeinkosten kalkuliert wurde?

Aufgabe 5.11
Der Küchenchef erhält 9,85 kg brutto Schwetzinger Spargel bei 2 % Tara zum Listenpreis von 9,10 € je Kilo Nettogewicht. Der Lieferer gewährt 5 % Mengenrabatt und 2 % Skonto. Der Importeur verlangt 1,5 % Provision. Bezugskosten: 8 % Zoll vom BarEKP, Fracht und kleinere Kosten in Höhe von 1,98 € je kg. Für die Direktlieferung zu uns bezahlen wir 4,20 €. Ermitteln Sie für den Küchenchef den Kilo-Einstandspreis, wobei davon auszugehen ist, dass das Hausgewicht 9,6 kg beträgt.

Aufgabe 5.12
Aufgrund von Rationalisierung sind die Selbstkosten unseres Außer-Haus-Buffets "Spezial" von 362,92 € auf 360,00 € gesunken. Bisher wurde mit 10 % Gewinn und 2 % Skonto kalkuliert. Welcher Gewinnzuschlag ergibt sich, wenn wir aufgrund der Kostensenkung zur zusätzlichen Werbung einen 5 %igen Rabatt bei wiederholter Bestellung einräumen wollen?

Aufgabe 5.13
Unser Weinlieferer verlangte bisher für die Flasche Ausschankwein 3,60 € abzüglich 10 % Rabatt und 2 % Skonto, Bezugskosten pro Flasche: 0,10 €. Die Handlungskosten betragen 25 %, der Gewinnaufschlag 10 %.

1 Wie hoch ist der Gewinn in € und Prozent, wenn der Listenpreis auf 3,80 € steigt und der ursprüngliche Nettoverkaufspreis beibehalten wird?

2 Wieviel Prozent beträgt die Gewinnänderung?

Aufgabe 5.14
Gastwirt Holzer hat eine Flasche Wein in der Karte mit 39,50 € ausgezeichnet, Wie hoch darf der Einstandspreis für die Flasche sein, wenn mit einer Handelsspanne von 60 % gerechnet wird?

Aufgabe 5.15
In der vergangenen Abrechnungsperiode weist das Konto 11 40 30 Getränke folgende Werte aus:

Anfangsbestand	15.600,00 €
Warenzugang	45.800,00 €
Bezugskosten	2.100,00 €
Rücksendungen a.L.	6.200,00 €
Warenendbestand	21.000,00 €

Die Verkaufserlöse betrugen brutto 105.222,00 €.
Berechnen Sie:
- den Kalkulationszuschlag
- den Kalkulationsfaktor
- die Handelsspanne

Aufgabe 5.16
Gastwirt Holzer verkauft nebenbei auch noch Pacojets an seine Kollegen im Umkreis. Er kalkuliert mit folgenden Einzelzuschlägen:

Handlungskosten	60 %
Gewinn	15 %
Skonto	3 %
Vertreterprovision	5 %
Kundenrabatt	20 %

Aus Konkurrenzgründen kann das Gerät nur zu einem Bruttoverkaufspreis von 4.285,00 € abgesetzt werden.
Ermitteln Sie:
- Handelsspanne
- Kalkulationszuschlag
- Kalkulationsfaktor

Aufgabe 5.17
Gastwirt Holzer kauft 150 Flaschen Sekt zum Listenpreis von 2.400,00 €. Als langjähriger Kunde der Sektkellerei erhält er einen Rabatt von 10 % und bei Zahlung innerhalb von 10 Tagen 2 % Skonto. Die Frachtkosten bezahlt Holzer mit einem Scheck über 183,20 € an den Spediteur und den Rechnungsbetrag überweist er umgehend auf das Bankkonto der Sektkellerei.
Holzer rechnet mit folgenden Zuschlagssätzen: Materialgemeinkosten 20%; Restaurantgemeinkosten 30% und Verwaltungsgemeinkosten 25%. Der Gastronom kalkuliert mit einem Gewinnzuschlag von 10 % und zahlt an seine Bedienung 12 %.

1 Kalkulieren Sie den auf volle € gerundeten Auszeichnungspreis für eine Flasche Sekt.

2 Ermitteln Sie den Kalkulationszuschlag und den Kalkulationsfaktor.

3 Ermitteln Sie die Handelsspanne.

4 Berechnen Sie die Höhe der Handlungskosten.

Aufgabe 5.18
Eine Flasche Wein hat einen Bezugspreis von 5,70 €. Wie hoch ist der Inklusivpreis, wenn mit einer Handelsspanne von 60 % gearbeitet wird?

Aufgabe 5.19
Der Landgasthof "Odenwald" schenkt seinen selbsterzeugten Apfelwein nicht nur im Hause an die Gäste aus, sondern vertreibt ihn auch an Einzel- und Getränkehändler in der Umgebung.

In der letzten Periode wurden 12.000 Literflaschen produziert. Die Materialeinzelkosten betrugen 7.080,00 €, die Materialgemeinkosten 2.124,00 €, die Fertigungskosten 8.400,00 €, wovon 900,00 € Fertigungsgemeinkosten waren. Die Verwaltungs- und Vertriebsgemeinkosten betrugen zusammen 2.640,60 €. Die Sondereinzelkosten des Vertriebs setzten sich wie folgt zusammen:

1	Ein-Literflasche	0,05 €
100	Flaschenverschlüsse	0,70 €
100	Etiketten	0,30 €
1	6er-Karton	0,24 €

Außerdem sind 20 % Kundenrabatt und 2 % Kundenskonto zu berücksichtigen. Der Gewinnzuschlag beträgt 20 %.

1   Ermitteln Sie die Ist-Zuschlagssätze für MGK, FGK, und Verw/VtGK.

2   Ermitteln Sie mit Hilfe eines ausführlichen Kalkulationsschemas den Bruttoverkaufspreis für einen Karton Apfelwein.

3   Berechnen Sie den Kalkulationszuschlagssatz, den Kalkulationsfaktor und die Handelsspanne.

4 Der Erfolg im Bereich Küche soll anhand des folgenden Kostenträgerzeitblattes überprüft werden. Vervollständigen Sie!

Kostenarten	IST-Gesamt		SOLL-Gesamt		Über-/Unterdeckung
	€	%	€	%	
MEK Küche	270.400,00				
MGK Küche	60.961,50			30 %	
Stoffkosten					
KüGK	128.507,50			45 %	
HK I					
RestGK	94.045,00			15 %	
HK II					
VerwGk	47.479,00			7 %	
Selbstkosten					
Erlöse	676.266,50				
Umsatzergebnis					
Über-/Unterdeck.					
Betriebsergebnis					

Aufgabe 5.20

Eine Fast-Food-Kette, die ihre Erzeugnisse zentral herstellt und zur Endzubereitung und zum Verkauf an die angeschlossenen Restaurants ausliefert, ermittelte für die letzte Abrechnungsperiode die folgenden Werte für ihr „Spitzenprodukt":

	Beträge in T€	Zuschläge Ist	Zuschläge Soll
Materialeinzelkosten	500		
Materialgemeinkosten		25%	20%
Fertigungseinzelkosten	500		
Fertigungsgemeinkosten		45%	38%
Restaurantgemeinkosten		16%	14%
Verw.- u. Vertriebsgemeinkosten		7%	6%
Nettoerlöse	2.100		

Führen Sie die Kostenträgerzeitrechnung unter Einbeziehung der Sollkosten sowie der Über- bzw. Unterdeckungen durch.

Aufgabe 5.21

Ermitteln Sie die Zuschläge sowie die Über- bzw. Unterdeckungen mittels Kostenträgerblatt und interpretieren Sie das Ergebnis!

	Produkt A	Produkt B	SOLL
Materialeinzelkosten	55.000,00	75.000,00	
Sondereinzelk. d. Fertigung	2.100,00	1.300,00	
Sondereinzelk. d. Vertriebs	800,00		
Erlöse	204.000,00	112.000,00	
Materialgemeinkosten Küchengemeinkosten	9.680,00	14.520,00	20 %
	22.560,00	33.840,00	40 %
Restaurantgemeinkosten Verwaltungsgemeinkosten	6.560,00	9.840,00	12 %
	7.280,00	10.920,00	10 %

Aufgabe 5.22

Der Pizzabäcker Gino, der seine Pizze in seinem Stehimbiss, direkt über die Straße und durch einen Pizzaexpress verkauft, erhält aus seiner Buchhaltung folgende Zahlen:

Rohstoffe	50.000,00 €	
Hilfs-/Betriebsstoffe	5.950,00 €	
Fertigungslöhne	35.000,00 €	
Gehälter	12.550,00 €	
Sozialkosten	5.000,00 €	
Abschreibungen	8.000,00 €	
Steuern	7.500,00 €	
Sondereinzelkosten des Vertriebs	2.500,00 €	(Pizzaexpress)
Sonstige Kosten	17.500,00 €	

Nach der Verteilung der Gemeinkosten weist der BAB folgende Kostenstellensummen aus:

Materialstelle	9.000,00 €
Fertigungsstelle	17.500,00 €
Restaurant/Verkaufsstelle	10.000,00 €
Verwaltung	20.000,00 €

1. Erstellen Sie das Kostenträgerzeitblatt!

2. Bestimmen Sie die Über- und Unterdeckung, wenn mit folgenden Gemeinkostenzuschlagssätzen vorkalkuliert wurde:
   MGK-Zuschlag 20 % - RGK-Zuschlag 18 % - FGK-Zuschlag 50 % - VwGK-Zuschlag 15 %

3. Ermitteln Sie Umsatz- und Betriebsergebnis, wenn in der letzten Periode ein Nettoumsatz von 180.000,00 € erzielt wurde.

Aufgabe 5.23

Die Geschäfte des Pizzabäckers Gino entwickeln sich ausgezeichnet. Er entschließt sich deshalb zu diversifizieren. Er richtet neben seinen Pizze auch ein Programm mit Nudelgerichten ein. Die Pizze und Nudelgerichte sollen als Kostenträgergruppen abgerechnet werden.

Führen Sie für die folgenden Angaben eine Gesamtkalkulation und die Kostenträgerzeitrechnung unter Einbeziehung der Ist- und Sollkosten je Kostenträgergruppe durch:

	Kostenträgergruppen		Zuschlagssätze SOLL	
	PIZZE IST	NUDELN IST	PIZZE SOLL	NUDELN SOLL
Materialeinzelkosten	400.000,00	200.000,00		
Materialgemeinkosten	83.000,00	60.000,00	21%	25%
Fertigungsgemeinkosten	425.000,00	152.000,00	76%	65 %
Restaurantgemeinkosten	58.000,00	35.000,00	14%	14 %
Verwaltungsgemeinkosten	48.000,00	24.000,00	6%	6 %
Nettoerlöse	1.450.000,00	450.000,00		

Aufgabe 5.24

Das Hotel "Kallstadter Hof" betreibt im Rahmen eines Nebenbetriebes die Personalkantine einer Bank. Es bietet täglich drei Menüs (Normal-, Schon- und vegetarische Kost) zum Einheitspreis von 6,00 € an. Aus der letzten Abrechnungsperiode liegen folgende Verkaufszahlen vor:

Menü I:	3.600 Stück
Menü II:	1.400 Stück
Menü III:	1.700 Stück

Die Materialeinzelkosten je Essen betrugen:

Menü I:	1,75 €
Menü II:	2,20 €
Menü III:	1,85 €

Der Betrieb rechnet mit folgenden Soll-Gemeinkostenzuschlagssätzen:

MGK Küche	17 %
KüchenGK	45 %
Rest.GK	20 %
VerwGK	15 %

Im BAB wurden für die letzte Abrechnungsperiode folgende Ist-Gemeinkosten ermittelt:

MGK Küche	2.210,00 €
KüchenGK	6.545,00 €
RestGK	2.650,00 €
VerwGK	3.160,00 €

Ermitteln Sie das Betriebs- und Umsatzergebnis in einem Kostenträgerzeitblatt. Berücksichtigen Sie dabei auch 12 % Bedienungsgeld und die Umsatzsteuer mit dem allgemeinen Steuersatz. Erstellen Sie das Kostenträgerzeitblatt für den Gesamtbetrieb.

Aufgabe 5.25

1 Nehmen Sie Stellung zu der Aussage: "Wenn beim Soll-Ist-Vergleich auf der Ebene der Selbstkosten keine nennenswerte Über- bzw. Unterdeckung auftritt, können die bisherigen Sollkostenzuschlagssätze beibehalten werden!"

2 Begründen Sie, warum größere Überdeckungen genauso unerwünscht sind wie Unterdeckungen und deswegen zu einer Korrektur der Zuschlagssätze führen müssen.

Aufgabe 5.26

Ein Auszubildender Hotelfachmann hat in einer Fachzeitschrift Begriffe „aufgeschnappt", die er nicht versteht, und die ihm auch in der Schule nicht erklärt worden sind. Deshalb wendet er sich vertrauensvoll an Sie als seine(n) verantwortliche(n) Ausbilder(in):

1 Klären Sie ihn darüber auf, was (Kosten-)Unter- bzw. Überdeckungen sind, und wie sie zustande kommen.

2 Erläutern Sie, was er sich unter dem Begriff „remanenten Kosten" vorstellen soll.

Aufgabe 5.27

Das Hotel garni Heidelberger Hof hatte im letzten Jahr einen durchschnittliche Zimmerauslastung von 65 %. Das Hotel verfügt über 56 Doppelzimmer, 20 Einzelzimmer und 4 Suiten. Die Selbstkosten (z. B. Materialkosten wie Bettwäsche, Energiekosten für Heizung und Klimaanlage, Personal, Pacht, Verwaltung wie Büroaufwendungen, Werbeaufwendungen usw.) belaufen sich auf 780.730,00 €.
Die ermittelten Äquivalenzziffern betragen für EZ 1, für DZ 1,3 und für Suiten 1,8.

Berechnen Sie die Selbstkosten pro Periode und pro Zimmer.

6. Teilkostenrechnung

Aufgabe 6.1
1 Welcher grundsätzliche Unterschied besteht zwischen Vollkosten- und Teilkostenrechnung?

2 Welche primäre Aufgabe hat die traditionelle Vollkostenrechnung, welche die Teilkostenrechnung?

Aufgabe 6.2
Ein Restaurant stellt die Hauptgerichte A, B, und C her. Für diesen Monat wird aufgrund von Schätzungen folgende auf Vollbeschäftigung aufbauende Planung erstellt:

Produkte	Absatzmengen	Preis in € ohne USt.	Umsatz gesamt	Stückkosten	variable Kosten
A	1000	7,50	7.500,00	8,00	5,00
B	1200	12,50	15.000,00	10,00	7,50
C	1500	5,00	7.500,00	4,00	3,00

1 Ermitteln Sie das Periodenergebnis bei Planbeschäftigung auf Voll- und Teilkostenbasis!

Vollkosten	Produkte			
	A	B	C	Summe
Erlöse				
- Gesamtkosten				
= Betriebsergebnis				

Teilkosten	Produkte			
	A	B	C	Summe
Erlöse				
- variable Kosten				
= Deckungsbeitrag				
- Fixkosten				7500,00
= Betriebsergebnis				

2 Weshalb führt die Vollkostenrechnung zum falschen Ergebnis?

Angenommen, es werden folgende Hauptgerichte verkauft:

Hauptgericht A 900 Stück
Hauptgericht B 700 Stück
Hauptgericht C 750 Stück

Dem Restaurant werden von einem Chemiekonzern im lfd. Monat 300 Hauptgerichte B abgenommen, aber nur zu einem Preis von 9,50 € netto je Essen.

Berechnen Sie das Betriebsergebnis mit und ohne Zusatzauftrag.

Erlöse/Kosten	Hauptgerichte			
	A	B	C	Summe
Erlöse				
- variable Kosten				
Deckungsbeitrag				
- Fixkosten				7500,00
Zwischenergebnis				
+ DB aus Zusatzauftrag				
Betriebsergebnis				

3 Interpretieren Sie das Ergebnis!

Das Hauptgericht A soll aus der Karte genommen werden, weil bei Planbeschäftigung ein Verlust von 500,00 € pro Periode entsteht. Daraus könnte der Schluss gezogen werden, dass sich das Periodenergebnis von 4.000,00 € auf 4.500,00 € verbessert.

Variante 1
Durch die Herausnahme des Hauptgerichtes A bleiben auch die Gäste weg. B und C halten die Verkaufsmengen.

4 Ermitteln Sie das neue Periodenergebnis!

Variante 2
Statt des Hauptgerichtes A wird B verkauft (siehe 6.2.1).

5 Ermitteln Sie das Periodenergebnis!

Aufgabe 6.3
Entscheidung über Zukauf oder Eigenproduktion:
Angenommen, bei A, B und C handelt es sich um austauschbare Leistungen des Gastronomen, z.B. Eigenproduktion oder Zukauf.

A wird aus der Produktion genommen, bleibt aber auf der Speisekarte, da es von außen bezogen wird.

Einkaufspreis	4,50 €
+ variable Verwaltungskosten	0,25 €
Stückkosten bei Fremdbezug	4,75 €
Verkaufspreis ohne USt.	7,50 €

Ermitteln Sie das Periodenergebnis!

Aufgabe 6.4

Von den drei Gerichten, die ein Caterer für die Belieferung einer Personalkantine anbietet konnten in der vergangenen Abrechnungsperiode die folgenden Mengen abgesetzt werden. Höhere Verkaufspreise sind aufgrund der Marktlage nicht durchsetzbar.

Gericht	verkaufte Menge	Nettoerlös/Stück
A	1.000 Stück	8,00 €
B	2.000 Stück	4,00 €
C	4.000 Stück	6,00 €

Die Selbstkosten in Höhe von 32.000,00 € verteilen sich auf die drei Gerichte A:B:C im Verhältnis 3:6:7

1 Ermitteln Sie das Gesamtergebnis!

2 Geben Sie an, welchen Ergebnisbeitrag die einzelnen Gerichte leisten!

3 Erläutern Sie kurz, welche Konsequenzen nach diesen Ergebnissen nach der Vollkostenrechnung zu ziehen sind!

Eine genauere Kostenanalyse ergibt, dass variable Stückkosten artikelbezogen in folgender Höhe anfallen:

Gericht A: 5,00 €
Gericht B: 3,00 €
Gericht C: 2,00 €

4 Führen Sie eine Gesamtergebnisrechnung auf Teilkostenbasis durch (Mengen und Preise wie unter 1)!

5 Errechnen Sie die Deckungsbeiträge der einzelnen Gerichte!

6 Erlutern Sie kurz, welche Konsequenzen aus diesen Ergebnissen nach der Teilkostenrechnung zu ziehen sind!

Aufgabe 6.5

In einem Handelsbetrieb für Kantinenbedarf liegen zum Jahresende folgende Werte vor:

Umsatzerlöse	640.000,00 €
Wareneinstandskosten	430.000,00 €
Abschreibungen	20.000,00 €
Personalkosten	70.000,00 €
Sonstige Kosten	50.000,00 €; (40% davon fix)
Verkaufte Stückzahl	20.000 Stück

1 Ermitteln Sie das Betriebsergebnis als Deckungsbeitragsrechnung!

2 Ermitteln Sie rechnerisch den Break-even-point in Stück und als Umsatzwert!

Aufgabe 6.6

Ein Café in Heidelberg, das wochentags vor allem von den Schülern einer Fachschule frequentiert wird, erzielt den größten Teil seiner Umsätze mit Kaffee, Tee und Tortenspezialitäten. Der Inhaber weiß, dass das Produkt Torte eine verkaufsfördernde Wirkung für Kaffee und Tee ausübt. Allerdings deckt der Nettoverkaufserlös für Torten nicht mehr die variablen Kosten. Für die letzte Abrechnungsperiode liegen folgende Zahlen vor:

Produkt	Kaffee	Tee	Torten
Absatzmenge in Port.	2.000	2.000	3.000
Wareneinsatz (Kv) €/Port.	0,25	0,20	1,55
Nettoerlöse €/Port.	1,75	1,60	1,50

1. Der Inhaber überlegt, die Torten aus dem Programm zu nehmen. Da er sich jedoch über den Absatzverbund seiner Produkte im Klaren ist, rechnet er damit, dass diese Einbußen bei Kaffee und Tee in Höhe von 50 % zur Folge haben würde. Er mitteln Sie die Auswirkungen dieser Entscheidung auf das Betriebsergebnis des Cafés und vergleichen Sie mit der Ausgangslage.

2. Alternativ wird in Erwägung gezogen, den Preis für Torten um 0,50 € netto zu erhöhen und somit einen positiven Deckungsbeitrag zu erwirtschaften. Dabei muss je doch berücksichtigt werden, dass der Absatz sämtlicher Produkte um bis zu 25 % zurückgehen könnte, da die Gäste bisher vornehmlich wegen der preisgünstigen Torten gekommen sind.
Ermitteln Sie die Auswirkungen dieser Alternative auf das Betriebsergebnis des Cafés und vergleichen Sie mit der Ausgangslage.

Aufgabe 6.7

Die Ausflugsgaststätte "Zur Scheune" in Lindenfels/Odenwald legt für April und Mai folgende Verkaufszahlen vor:

Artikel	Netto-Verkaufs-preis	Warenein-satz	Anzahl April	Anzahl Mai
Wiener Schnitzel	14,00	5,00	450	525
Rump-steak	16,00	8,00	600	900
Schweine-Lendchen	15,00	10,00	300	300
Eisbecher	4,50	0,50	150	150
Käseteller	6,50	3,00	300	450

Das Ausflugslokal ist samstags, sonntags und mittwochs geöffnet. Zusätzlich wird auch an gesetzlichen Feiertagen verkauft. Die Fixkosten betragen monatlich 12.000,00 €.

1 Errechnen Sie die Deckungsbeiträge pro Gericht sowie den Gesamtdeckungsbeitrag und den Betriebsgewinn für jeden Monat.

2 Bestimmen Sie, ob sich die Annahme eines Zusatzauftrages von einer Betriebskantine lohnt, wenn monatlich 500 Wiener Schnitzel für 12,00 € netto verkauft werden können.

3 Wie hoch ist die absolute Preisuntergrenze für das Wiener Schnitzel?

4 Erläutern Sie, warum die Festsetzung des Nettoverkaufspreises in Höhe der absoluten Preisuntergrenze nur kurzfristig vertretbar ist.

Aufgabe 6.8

Ein Betrieb benötigt fünf verschiedene Zubehörteile, die auf einer Anlage, die monatlich 6.400 Minuten nicht anderweitig genutzt wird, selbst hergestellt werden könnten; sämtliche Zubehörteile könnten aber auch fremdbezogen werden.

Da die Kapazität der Anlage nicht ausreicht, alle Teile selbst zu fertigen, stellt sich die Frage, welche Teile selbst hergestellt und welche von Zulieferern bezogen werden sollen. Bei diesem Engpass-Problem ist von folgenden Daten auszugehen:

Zube-hör-teil	Bedarf Stck/Mon	Bearbei-tungs-zeit Min/Stck	Fremd-bezugs-Preis €	Gesamt-kosten je Stück	variable Stück-kosten
1	100	2	20	30	16
2	500	10	26	22	10
3	1.200	8	30	25	18
4	300	4	18	10	8
5	200	6	12	18	15

Da für Eigenfertigung aller benötigten Teile nicht genug freie Kapazität verfügbar ist und eine Erweiterungsinvestition nicht in Frage kommt, gilt es, die vorhandene Kapazität kostenoptimal zu nutzen.

1 Entscheiden Sie, welche Mengen welcher Teile selbst hergestellt und welche fremdbezogen werden sollten.

2 Ermitteln Sie auch die entsprechenden Kosten, die insgesamt für die benötigten Zubehörteile entstehen.

Aufgabe 6.9

Ihre Hotelkette bezieht für ihre Low-Budget-Häuser Fruchtsaftgetränke von einem Fruchtsaftgetränkehersteller im benachbarten Mackenheim. Dieser führt in seinem Produktionsprogramm Orangensäfte mit unterschiedlichen Orangensaftkonzentratanteilen.

Für die vier angebotenen Sorten liegen folgende Daten vor

Sorte	max. Absatzmenge lt. Marktforschung	Nettoverkaufspreis (12er Kiste)	variable Kosten (WE) (12er Kiste)
Bestmarke	60.000 Kisten	12,00 €	8,00 €
Orangenhit	84.000 Kisten	9,00 €	6,00 €
Exquisit	114.000 Kisten	8,50 €	5,80 €
Superorange	30.000 Kisten	14,00 €	9,00 €

Alle Flaschen müssen dieselbe Abfüllanlage durchlaufen. Diese Anlage kann pro Jahr maximal 1.600 Stunden beansprucht werden. Eine Kapazitätserweiterung kommt nicht in Betracht, auch das Outsourcing stellt keine Lösung dar.

Die Durchlaufmengen der einzelnen Sorten sind auf Grund unterschiedlicher Flaschengrößen und Flascheninhalte nicht gleich.

So können im Jahr **wahlweise** 160.000 Kisten Bestmarke
oder 224.000 Kisten Orangenhit
oder 240.000 Kisten Exquisit
oder 120.000 Kisten Superorange

abgefüllt werden.

Es soll das Produktionsprogramm ermittelt werden, bei dem der maximale Gewinn erzielt wird.

1 Ermitteln Sie die Mengen, die von den einzelnen Sorten pro Stunde abgefüllt werden können.

2 Ermitteln Sie den absoluten Deckungsbeitrag (= DB je Kiste) der verschiedenen Sorten.

3 Ermitteln Sie den relativen Deckungsbeitrag (= DB je Stunde) bei den verschiedenen Sorten.

4 Begründen Sie, nach welchem Kriterium die begrenzten jährlichen Produktionsstunden der Abfüllanlage aufgeteilt werden sollen und legen Sie die Rangfolge fest.

5 Legen Sie fest, welche Mengen welcher Sorten in der verfügbaren Zeit abgefüllt werden sollen.

6 Berechnen Sie den so erzielbaren Deckungsbeitrag je Sorte und insgesamt.

Aufgabe 6.10
Für den italienischen Grappa-Hersteller Lucatoni gelten folgende Daten:

- Monatliche Produktions- und Absatzmenge: 60.000 Flaschen
- Dies entspricht einer Kapazitätsauslastung von: 75%
- Monatliche Fixkosten: 223.200,00 €
- Variable Kosten je Flasche: 3,20 €
- Verkaufspreis je Flasche: 8,00 €

1   Bei welcher Produktions- und Absatzmenge erreicht Lucatoni den Break-even-point?

2   Wie hoch ist der Gewinn bei einer Kapazitätsauslastung von 75%?

3   Ermitteln Sie die Stückkosten bei einer Kapazitätsauslastung von 75%!

4   Dem Grappahersteller Lucatoni liegt folgender Auftrag vor: Bei einem Stückpreis von 4,00 Euro würde der deutsche Handelskonzern ALBI monatlich 15.000 Flaschen abnehmen. Lohnt die Auftragsannahme? (Rechnerische Begründung!)

Aufgabe 6.11
Für einen Hersteller von Fertigmenüs gelten folgende Daten:

Produkte	Atonno-Thunfisch-Pizza	Big American	Cordon Bleu
Absetzbare Menge (Stck. pro Monat)	150.000	60.000	120.000
Verkaufspreis pro Stck.:	6,00 €	4,00 €	5,50 €
Variable Kosten pro Stck.:	3,00 €	2,20 €	2,90 €
Bearbeitungszeit pro 100 Stck. in Minuten:	20	10	30

Die Kapazität der Fertigungsstraße, auf der alle 3 Produkte hergestellt werden, beläuft sich auf monatlich 800 Stunden. Die monatlichen Fixkosten betragen 480.000,00 €.

1 Bestimmen Sie das gewinnoptimale Produktionsprogramm.

2 Ermitteln Sie das monatliche Betriebsergebnis.

3 Um wie viel € höher wäre das Betriebsergebnis, wenn kein Produktionsengpass vorliegen würde?

Aufgabe 6.12

Ein Restaurantbetrieb möchte überprüfen, ob es unter Kostengesichtspunkten sinnvoll ist, das Fleischangebot zu straffen. Es liegen folgende Zahlen vor:

	Rindersteak	Kalbssteak	Schweineschnitzel	Poularde	Seelachs
verkaufte Portionen	3.200	5.400	9.100	6.200	1.800
Nettoerlös/Portion	14,00	13,00	12,00	12,00	11,00
Material/Portion	7,00	7,40	5,50	4,90	5,70

Welche Aussagen des Deckungsbeitrags pro Portion und pro Produktgruppe lassen sich ableiten? Es ist festzustellen und zu begründen, welches Produkt eliminiert werden sollte.

Aufgabe 6.13

Das Ausflugslokal "Grüner Baum" in Buchklingen überprüft die Fleischgerichte auf seiner Karte und ermittelt für eine Abrechnungsperiode die folgenden Werte:

Produkte	Anzahl der verkauften Portionen	Gesamterlöse netto €	direkt zurechenbare Kosten
Filetsteak	2.400	19.740,00	9.156,00
Rumpsteak	19.200	105.312,00	62.688,00
Zwiebelfleisch	2.400	10.344,00	4.824,00
Schweinesteak	1.200	6.108,00	3.096,00
Wiener Schnitzel	16.200	82.458,00	49.734,00

1 Welches Gericht sollte unter Kostengesichtspunkten besonders forciert werden, wenn freie Kapazitäten in der Küche vorhanden sind und auch die Bereitschaft der Gäste unterstellt werden kann, ein entsprechendes Angebot zu akzeptieren? (Begründung!)

2 Im "Grünen Baum" muss jedoch die Karte verkleinert werden, da die Küchenbrigade der Vielzahl der Gerichte nicht mehr gewachsen ist. Welches Gericht ist zu streichen, wenn die Vor- und Zubereitungszeiten für Wiener Schnitzel mit 12 und Zwiebelfleisch mit 15, für die anderen Gerichte mit 10 Minuten angesetzt werden müssen? (Begründung!)

Aufgabe 6.14

Ein Caterer in der Pfalz produziert ausschließlich Dampfnudeln. Seine Gesamtkapazität liegt bei 160.000 Stück im Monat und ist derzeit zu 80% ausgelastet.

Die monatlichen Gesamtkosten betragen: Kg = 40.000,00 + 1,20x.
Der Nettoverkaufspreis liegt bei 1,76 € pro Stück.

Ein Großabnehmer bietet einen Auftrag über 50.000 Stück an, für die er aber nur einen Preis 1,40€/Stück netto zu zahlen bereit ist. Er besteht auf Lieferung innerhalb des Monats.

Die Gesamtkapazität des Caterers könnte kurzfristig auf 125 % erhöht werden. Allerdings müsste für die Auslastung über 100% ein Aufschlag auf die variablen Stückkosten in Höhe von 25% in Kauf genommen werden.

1. Bestimmen Sie den Deckungsbeitrag dieses Zusatzauftrages und entscheiden Sie über dessen Annahme.

2. Wie ändert sich der Deckungsbeitrag des Zusatzauftrages, wenn mit dem Abnehmer eine längere Lieferzeit ausgehandelt werden kann?

Aufgabe 6.15

Wir konnten die Kleingebäckteile unserer Patisserie in drei Gruppen gliedern. Für diese sind folgende Werte bekannt:

	Gruppe A	Gruppe B	Gruppe C
Geplante Verkaufsmenge	40.000 St.	10.000 St.	5.000 St.
erzielbarer Erlöse/St.	2,00 €	5,00 €	1,00 €
variable Kosten/St.	1,50 €	2,50 €	3,00 €
Bereichsfixkosten	6.000,00 €	10.000,00 €	4.000,00 €

Die nicht direkt zurechenbaren fixen Kosten betragen 4.000,00 €.

Ermitteln Sie die Deckungsbeiträge I und II für die Produktgruppen und insgesamt sowie den Gewinn.

Aufgabe 6.16

Sie haben die Möglichkeit, im Haupthahnhof Kiel ein "Stehcafé" anzumieten. Es wird ausschließlich ein Produkt verkauft - nämlich Kaffee im Becher. Das Stehcafé soll an 30 Tagen im Monat von 6.00 Uhr - 20.00 Uhr geöffnet sein. Es liegt Ihnen folgende Kostenanalyse pro Monat vor:

Miete	500,00 €
Mietnebenkosten gesamt	125,00 €
Personal, inkl. Nebenkosten	2.800,00 €
Versicherungen	200,00 €
Strom fix	100,00 €
Einstandspreis pro Becher	0,05 €
Kaffeepulver pro Becher	0,12 €
Zucker/Milch pro Becher	0,03 €
Strom pro Becher	0,02 €
Spülen je 100 Becher	2,00 €
Bruttoverkaufspreis	2,50 €

1. Ermitteln Sie, wie viele Tassen pro Tag bzw. pro Stunde verkauft werden müssen, um den Break-even-Punkt zu erreichen.

Sie beschließen, der Verkäuferin als Anreiz eine Extraprovision/-prämie von 0,05 € für jede verkaufte Tasse zu zahlen.

2. Wie viele Tassen muss die Verkäuferin zusätzlich pro Tag verkaufen, damit alle Kosten gedeckt sind?

3. Um wie viele € kann die Verkäuferin ihr Jahreseinkommen steigern, wenn sie die neue Break-even-Menge um 10% überschreitet?

Aufgabe 6.17

Im Werkscasino eines Großbetriebes wird das Ziel angestrebt, die Unterdeckung (bei Vollkostenbetrachtung) zu reduzieren. Ein Lösungsansatz besteht darin, durch eine qualitative Angebotsverbesserung zusätzliche Deckungsbeiträge zu erwirtschaften und so allmählich den Wahlbereich zu vergrößern. Allerdings muss damit gerechnet werden, dass sich durch das zusätzliche Angebot die Verkäufe des bisherigen Sortiments reduzieren werden (Substitutionseffekt).

Ausgangssituation:

derzeitiges Angebot:	Orangensaftgetränk
Menge:	0,25 l
Abgabepreis brutto pro 0,25 l:	0,50 €
Nettoeinkaufspreis pro 0,25 l:	0,18 €
durchschnittliche Verkaufsmenge/Tag:	200 Gläser à 0,25 l
Öffnungstage:	240 Tage

Zusatzangebot:

neu und zusätzlich:	frisch gepresster Orangensaft
Menge:	0,2 l
Abgabepreis brutto pro 0,2 l:	1,00 €
Nettoeinkaufspreis pro 0,2 l:	0,42 €
Durchschnittliche Verkaufsmenge/Tag:	100 Gläser à 0,2 l

Aufgrund des Zusatzangebotes geht der Verkauf bei Orangensaftgetränken von 200 Gläsern auf 150 Gläser pro Tag zurück.

Wie hoch ist der zusätzliche Deckungsbeitrag pro Monat und pro Jahr?

Aufgabe 6.18

Das Hotel Sockenbacher Hof lässt sich den Boom im Außer-Haus-Geschäft nicht entgehen. Die Feinschmecker-Menüs werden nicht einfach nur „geliefert", sondern das Ereigniswird mit erlesenem Geschirr vom dafür eigens geschulten und dem jeweiligen Anlass entsprechend kostümierten Personal „zelebriert" (USt!!!)

Absolute Renner sind die 3-Gang-Menüs I, II und III, für die aus der Kosten- und Leistungsrechnung folgende Zahlen bekannt sind:

Menü	Verkaufs-preis brutto €/Stck.	Absatz-menge Stck.	variable Kosten €	erzeugnis-fixe Kosten €
I	31,90	7.500	189.375	10.000
II	17,98	10.000	126.500	20.000
III	20,30	15.000	198.000	40.000

Die bereichsfixen Kosten im Außer-Haus Geschäft betragen 100 000 €.

1 Bestimmen Sie die Deckungsbeiträge 1 und 2 sowie das Bereichsergebnis für den Außer-Haus-Bereich.

2 Bestimmen Sie die kurzfristige (Brutto-)Preisuntergrenze für Menü I.

3 Wie hoch ist der Deckungs(beitrags)faktor für die einzelnen Menüs und insgesamt?

4 Welche Stückzahlen müssen abgesetzt werden, wenn – bei sonst unveränderten Gegebenheiten - ein Gewinn von 25.000,00 € nicht unterschritten werden soll.

Aufgabe 6.19

Ein Caterer stellt in seinem Stammunternehmen die Menüs A, B und C her. Es sind folgende Verkaufszahlen bekannt:

Menü A:	30.000 Stück
Menü B:	17.000 Stück
Menü C:	25.000 Stück

Auf die Abrechnungsperiode bezogen ergeben sich folgende Werte in €:

	A	B	C	insgesamt
Bruttoerlöse	330.225,00	252.875,00	290.062,50	873.162,50
- Umsatzsteuer	52.725,00	40.375,00	46.312,50	139.412,50
Nettoerlöse	277.500,00	212.500,00	243.750,00	733.750,00
- variable Kosten	227.000,00	188.700,00	168.750,00	584.450,00
Deckungsb. I	50.500,00	23.800,00	75.000,00	149.300,00
- erzeugnisfixe Kosten	27.000,00	12.000,00	50.000,00	89.000,00
Deckungsb. II	23.500,00	11.800,00	25.000,00	60.300,00
- untern. fixe Kosten				120.000,00
Betriebsergebnis				-59.700,00

1. Bei Menü B ergeben sich aufgrund des verhältnismäßig hohen Verkaufspreises Absatzschwierigkeiten. Die Absatzmenge von 17.000 Stück in der Rechnungsperiode soll durch Preissenkung gehalten werden. Zu welchem Bruttoverkaufspreis muss das Menü angeboten werden, wenn dessen Erlös gerade noch die variablen und die erzeugnisfixen Kosten decken sollen?

2. Für die Herstellung des Menüs A sind noch freie Kapazitäten vorhanden; auch der Absatz weiterer Menüs A zu den obigen Bedingungen ist gewährleistet:

   2.1 Wie hoch müsste der Deckungsbeitrag II von Menü A sein, wenn unter den bisherigen Bedingungen ein Gesamtgewinn von 50.000,00 €/Periode erzielt werden soll?

   2.2 Wie viel Menüs A müssten in der Rechnungsperiode hergestellt und abgesetzt werden, um den Gesamtgewinn von 50.000,00 € zu erzielen, und wie hoch müsste dann der Bruttoumsatz von Menü A in der Periode sein?

3. Der Caterer stellt in einem Nebenbetrieb in der Rechnungsperiode 100.000 Einfachmenüs her. Die variablen Kosten der Rechnungsperiode betragen 240.000,00 €, die fixen Kosten 35.000,00 €. Geben Sie die langfristige und die kurzfristige (Brutto-)Preisuntergrenze je Menü an, wenn 19 % Umsatzsteuer und 2 % Skonto zu berücksichtigen sind.

Aufgabe 6.20

Ein Bistro führt fünf verschiedene Produktgruppen über die folgende Daten aus dem Jahre 2015 bekannt waren:

Produkte	Netto-erlös	variable Stückkosten	verkaufte Menge pro Jahr
Getränke	1,26 €	0,60 €	5.000
Kaffee	1,09 €	0,10 €	12.000
Warme Speisen	3,78 €	3,50 €	1.000
Snacks	1,68 €	0,80 €	2.000
Lunchpakete	3,74 €	2,00 €	500

Daneben sind weitere Daten aus der GuV bekannt!

Wartungskosten Kaffeemaschine	3.000,00 €
Aufwand Teller für Snacks und Speisen	300,00 €
Aufwand Gläser und Tassen für das Bistro	800,00 €
Abschreibung Küchengeräte zur Zubereitung warmer Speisen	1.000,00 €
Abschreibung Spuckschutz für Snacks	200,00 €
Abschreibung Alu-Rollwagen für Getränke	100,00 €
Abschreibung Stühle und Tische fürs Bistro	500,00 €
Lohnaufwand	18.000,00 €
Spenden	1.000,00 €

1 Berechnen Sie mittels einer einstufigen Deckungsbeitragsrechnung das Betriebsergebnis des Bistros!

2 Berechnen Sie mittels einer mehrstufigen Deckungsbeitragsrechnung die DB I bis DB IV und entscheiden Sie, ob ein Produkt nicht mehr angeboten werden soll.

3 Warum werden Produkte mit negativem DB trotzdem unter Umständen im Sortiment beibehalten?

4 Berechnen Sie für die fünf Produkte die kurzfristige Preisuntergrenze, die (kostenorientierte) mittelfristige Preisuntergrenze (hier: DB III = 0) und die langfristige Preisuntergrenze.

Aufgabe 6.21

Ein Reiseveranstalter bietet an, jährlich bei 35 Reisen mit je mindestens 40 Teilnehmern einen Zwischenstopp zum Mittagessen im Gasthaus "Grüner Baum" einzulegen, wenn seinen Kunden die Spezialität des Hauses serviert wird. Dafür ist ein Wareneinsatz von 3,40 € zu veranschlagen, die Selbstkosten betragen lt. Kalkulation 8,83 € und der Inklusivpreis beläuft sich auf 13,25 €. Da die Reisen jeweils am umsatzschwachen Montag stattfinden, ist der Gastwirt zunächst sehr interessiert. Der Reiseveranstalter ist jedoch nicht bereit, mehr als 8,70 € brutto für ein Essen zu bezahlen. Deshalb will der Gastwirt mit Blick auf die Selbstkosten in seiner Kalkulation das Angebot ausschlagen.

Als Assistent der Geschäftsleitung sollen Sie mit Hilfe der Deckungsbeitragsrechnung ermitteln, wie sich das jährliche Betriebsergebnis bei Annahme der Reisegruppen ändern würde. Gehen Sie bei Ihren Überlegungen von freien Kapazitäten sowohl in personeller als auch in sachlicher Hinsicht aus.

1. Sie erinnern den Gastwirt daran, dass die Gäste auch Getränke konsumieren werden. Er ist damit einverstanden, dass Sie pro Gast ein Glas Bier (0,3 Liter) und eine Tasse Kaffee ansetzen.
   Ermitteln Sie den zusätzlichen Deckungsbeitrag, wenn das Glas Bier zu 2,00 € und die Tasse Kaffee zu 1,80 € auf der Karte ausgezeichnet sind.
   Wareneinsatz Kaffee: 0,12 €/Tasse;
   Wareneinsatz Bier: Einstandspreis (netto) 115 € je Hektoliter bei einem Ausschank von 317 Gläsern zu 0,3-Liter.

2. Allerdings ist davon auszugehen, dass wohl doch zusätzliche Hilfskräfte für Küche und Service bei den Veranstaltungen jeweils kurzfristig einzusetzen sind; die gesamten zusätzlichen Personalkosten sind mit 250,00 €/Veranstaltung anzusetzen. Außerdem möchte der Gastwirt 0,50 €/Gast für zusätzliche Wäschereinigung und zusätzlichen Wasser- bzw. Energieverbrauch berücksichtigen. Ermitteln Sie den Deckungsbeitrag, der unter Berücksichtigung aller Erwägungen bei Aufnahme der Reisegruppe jährlich erzielt wird.

3. Buchen Sie den Einkauf von 5 kg Kaffee zu netto 14,20 €/kg und 250 Liter Bier zu netto 115,00 €/hl.

4. Buchen Sie den Wareneinsatz: Kaffeeverbrauch 3,5 kg und Bierverbrauch 120,0 Liter

5. Buchen Sie den Barverkauf: Kaffee 45 Tassen, Inklusivpreis 1,80 € und Bier 45 Gläser, Inklusivpreis 2,00 €

Aufgabe 6.22

Im Bistro "Chez Albert" werden im wesentlichen Getränke und kleine Snacks angeboten.
Die Auswertung der Umsatzstatistik des letzten Jahres ergab folgende Werte:

Artikel	Nettoerlös
Bier	56.025,00 €
Kaffee/Tee/Kakao	19.920,00 €
Alkoholfreie Getränke	17.430,00 €
Wein/Sekt	12.450,00 €
Spirituosen	9.960,00 €
Snacks/Eis/Gebäck	8.715,00 €

Die Kosten setzten sich wie folgt zusammen:

Kostenart	Gesamtkosten	davon fix	davon variabel
Wareneinsatz insgesamt	31.747,50 €		31.747,50 €
Personalkosten, einschl. Unternehmerlohn	37.985,00 €	29.201,00 €	8.784,00 €
Energie	7.250,00 €	6.500,00 €	750,00 €
Steuern, Versicherungen Beiträge	2.900,00 €	2.900,00 €	
Betriebs- und Verwaltungskosten	10.700,00 €	9.750,00 €	950,00 €
Pacht	12.000,00 €	12.000,00 €	
Instandhaltung	2.150,00 €	2.150,00 €	
Kalk. Abschreibungen, inkl. GWG	3.800,00 €	3.250,00 €	550,00 €
Zinsen	3.200,00 €	3.200,00 €	

1 Ermitteln Sie den Deckungsbeitragsfaktor.

2 Wie hoch ist der Break-even-Umsatz?

3 Nach wie vielen Öffnungstagen konnte die Gewinnschwelle erreicht werden, wenn bei 45 Gästen pro Tag ein durchschnittlicher Erlös von 7,69 € je Gast erzielt worden ist?

4 Welcher Gesamterlös muss im nächsten Jahr erzielt werden, wenn die Pacht vereinbarungsgemäß um 20% steigen wird und ein Gewinn von 18.000,00 € realisiert werden soll?

5 Wie hoch müssten dann die Erlöse in € für die einzelnen Warengruppen sein – gleich bleibende Trinkgewohnheiten der Gäste vorausgesetzt?

Aufgabe 6.23

Das Landfein-Hotel „Schnorrenbacher Hof" mit seinen 100 Betten und einem Restaurant mit 50 Sitzplätzen hat folgende Netto-Umsatzstruktur (Sales-Mix):

Beherbergung	60%
Speisen	30%
Getränke	10%

Für die variablen Kosten wurden folgende Prozentsätze ermittelt:
- 10% Reinigungskosten vom Beherbergungsumsatz
- 5% Wäschekosten vom Beherbergungs- und Speisenumsatz
- 45% Warenaufwand vom Speisenumsatz
- 20% Warenaufwand vom Getränkeumsatz

1. Wie hoch sind die Deckungsbeitragsfaktoren für Beherbergung, Speisen, Getränke und insgesamt?

2. Wie hoch ist der Break-Even-Umsatz des Gesamthotels, wenn die fixen Kosten 168.000,00 € betragen?

3. Wie hoch sollte bei der gegebenen Umsatzstruktur der „Mindestumsatz" für den Beherbergungsbereich sein?

4. Wie viel Speisenumsatz pro Sitzplatz (pro Abrechnungsperiode) muss zur Kostendeckung im „Bereich" Speisen mindestens erzielt werden?

5. Wie viel Gewinn/Verlust macht der Hotelbetrieb bei einem Umsatz von 170.000,00 €?

Aufgabe 6.24

Das Hotel Garni „St. Georg" in Köln verfügt über 50 Betten. Für die letzte Abrechnungsperiode liegen folgende Zahlen vor:
Nettopreis pro Person und Übernachtung (einschl. Frühstück) 30,00 €

Variable Kosten je Übernachtung:		**Fixe Kosten:**	
Heizung, Strom, Gas, Wasser	1,50 €	Miete	60.000,00 €
Reinigungsmittel	0,50 €	Steuern/Versicherung	5.000,00 €
anteilige Renovierung	0,50 €	Personalaufwand	70.000,00 €
Wäsche	2,00 €	Sonstige Fixkosten	25.000,00 €
Wareneinsatz (Frühstück)	3,00 €		

1. Wie hoch ist der Deckungsbeitragsfaktor?

2. Wie hoch ist der Break-Even-Umsatz?

3. Wie viele Übernachtungen muss das Hotel Garni verkaufen, um den Break-Even-Punkt zu erreichen?

4. Wie viel Umsatz braucht das Hotel, um einen Gewinn von 65.000,00 € zu erzielen?

Aufgabe 6.25

Im 400-Betten-Hotel "Michelangelo" in Mailand soll eine an Marktsegmenten orientierte Gewinnanalyse eingeführt werden.

Deshalb wird der Gesamtbetrieb abrechnungstechnisch in den Bereich Beherbergung (unterteilt in Einzel- und Gruppengeschäft) einerseits und den Bereich F&B (unterteilt in Restaurants und Bankett) andererseits gegliedert. Die Kosten werden verursachungsgerecht als variable, stellenfixe, bereichsfixe und unternehmensfixe Kosten zugeordnet.

Für das vergangene Abrechnungsjahr wurden die Kosten wie folgt aufbereitet:

Bereiche	Bereich: Beherbergung				
Stellen	Einzelgeschäft		Gruppengeschäft		Bereichskosten
Kostenarten	fix	variabel	fix	variabel	fix
...					
...					
Summe der Kosten	397.050	1.268.250	183.400	845.500	5.767.100

Bereiche	Bereich: F&B				
Stellen	Restaurants		Bankett		Bereichskosten
Kostenarten	fix	variabel	fix	variabel	fix
...					
...					
Summe der Kosten	1.470.050	518.700	148.800	79.300	143.250

Die nicht weiter zuordenbaren unternehmensfixen Kosten lagen bei 341.400,00 €.

An 340 Öffnungstagen wurden 86.700 Übernachtungen notiert, von denen 60% auf das Einzel- und 40% auf das Gruppengeschäft entfielen. Die Übernachtungspreise betrugen netto 120,00 € im Einzel- und 100,00 € im Gruppengeschäft.

Die Bruttoumsätze in den Restaurants beliefen sich auf insgesamt 2.459.275,00 €, beim Bankett auf 269.043,00 €.

1 Ermitteln Sie in Form einer mehrstufigen Deckungsbeitragsrechnung die Deckungsbeiträge in den einzelnen Stellen, in den beiden Bereichen und insgesamt, sowie das Betriebsergebnis für die letzte Abrechnungsperiode!

2 Berechnen Sie die kurzfristige, mittelfristige und langfristige Preisuntergrenze im Bereich Beherbergung. Die mittelfristige Preisuntergrenze ist hier als kostenorientiert zu verstehen d.h. DB II = 0.

3 Geben Sie bei isolierter Betrachtung des Beherbergungsbereiches an, bei welcher Übernachtungszahl und bei welchem Beschäftigungsgrad die Gewinnschwelle erreicht wird, wenn das Verhältnis von Einzel- zu Gruppengeschäft als konstant angenommen wird.

7. Budgetierung

Aufgabe 7.1

In den letzten sechs Monaten wurden in einem Hotel-Restaurant bei wechselnder Auslastung der Ölverbrauch bei einer zentralen Heizung und Warmwasseraufbereitung wie folgt erfasst:

Monate	1	2	3	4	5	6
Auslastung in %	80	70	60	50	40	30
Verbrauch in €	2700,00	2550,00	2250,00	2100,00	1900,00	1475,00

Ermitteln Sie den Fixkostenanteil
    1   nach der grafischen Methode

    2   nach der mathematischen Methode

Aufgabe 7.2

Das Eigentümer-Hotel Holzer in Heidelberg wurde neu erbaut und verfügt über 30 Doppelzimmer und ein Restaurant mit 60 Sitzplätzen. Sie sollen für den April (Eröffnungsphase) das Abteilungsbudget „Restaurant" erstellen. Es werden folgende Auslastungen geschätzt und durchschnittliche Erlöse erwartet:

Umsatzart Restaurant	Umsatz- tage/Monat	Gäste- wechsel	Gästeanzahl/ je Belegung.	Ø-Umsatz- Stuhl
Sonn- und Feiertage				
mittags	6	2x	121	9,75
abends	6	1x	80	12,00
Werktage				
mittags	24	2x	44	6,15
abends	24	1x	25	9,25

Der Wareneinsatz beträgt lt. Betriebsvergleich 31,7 %, die Personalkosten 31,1 %, die Energiekosten 6 %, Steuern, Gebühren usw. 2,2 %, Betriebskosten 6,8 % und die Verwaltungskosten 7,2 % vom Nettoerlös.

Aufgabe 7.3

Das Eigentümer-Hotel Holzer in Heidelberg wurde neu erbaut und verfügt über 30 Doppelzimmer, zwei Restaurants und einen Bankettbereich. Sie sollen für den April und Mai (Eröffnungsphase) das Abteilungsbudget „Logis" erstellen. Es werden folgende Auslastungen geschätzt und durchschnittliche Zimmererlöse erwartet:

	erwartete Auslastung	durchschnittlicher Zimmererlös
April	50,00 %	92,50 € netto pro Zimmer
Mai	55,00 %	104,50 € netto pro Zimmer

Der sonstige Betriebsumsatz betrifft die Bereiche Telefon, Garage und Handelsware. Sie haben im Empfang 2,5 Personen und auf der Etage 3,8 Personen beschäftigt (Vollzeit).
Als Grundlage für die Ermittlung der Kosten soll der BBG-Betriebsvergleich herangezogen werden.

1 Ermitteln Sie das Betriebsergebnis I!

2 Welche Informationen benötigen Sie noch, um das Betriebsergebnis II zu ermitteln?

Kategorie C1	Vergleichswerte	
GESAMTBETRIEB		
Vollbeschäftigte	7,8	
Vollbeschäftigte Arbeitnehmer	5,8	
Öffnungstage	363,0	pro Jahr
Betriebsumsatz	1,1	T€ pro Tag
Betriebsumsatz	52,0	T€ je Vollbesch.
Personalkosten	15,3	T€ je Vollbesch./Jahr
Cash Flow → Pacht	86,5	T€
Cash Flow → Eigentum	134,9	T€

BEHERBERGUNG		
Anzahl Zimmer	35,0	
Anzahl Betten	61,0	
Gästeankünfte	5.268	pro Jahr
Übernachtungen	9.482	pro Jahr
Vermietet Zimmer	7.255	pro Jahr
Aufenthaltsdauer	1,8	Tage pro Gast
Doppelbelegungsquote	30,7	%
Auslastungsgrad-Zimmer	57,1	%
Auslastungsgrad Betten	42,8	%
Beherbergungsumsatz	42,5	€ pro Vermietung
Beherbergungsumsatz	8,8	T€ pro Zimmer pro Jahr
Beherbergungsumsatz	32,5	€ pro Übernachtung
RESTAURATION		
Anzahl der Sitzplätze	34,0	
Warenumsatz	2,9	T€ je Sitzplatz/Jahr
Wareneinsatzquote-gesamt	32,3	%
Wareneinsatzquote-Speisen	35,1	%
Kalkulationsfaktor Speisen	2,8	
Wareneinsatzquote-Getränke	28,1	%
Kalkulationsfaktor Getränke	3,6	

Kategorie C1	Vergleichswerte			
	T€	%	T€	%
Beherbergungsumsatz			308,1	75,7
Warenumsatz Speisen	58,8	60,2		
Warenumsatz Getränke	38,9	39,8		
Warenumsatz Sonstiges	0,0	0,0		
Warenumsatz gesamt		100,0	97,7	24,0
Sonstiger Umsatz			1,2	0,3
Betriebsumsatz			407,0	100,0
Warenkosten Speisen	20,6	35,1		
Warenkosten Getränke	10,9	28,1		
Warenkosten Sonstiges	0,0	0,0		
Warenkosten gesamt (∅ in %)		32,3	31,6	7,8
Personalkosten			89,1	21,9
Energie			17,9	4,4
Steuern, Gebühren, Vers.			18,7	4,6
Betriebskosten			24,8	6,1
Verwaltungskosten			30,5	7,5
Betriebsbedingte Kosten			**212,7**	**52,3**
Betriebsergebnis I			**194,3**	**47,7**

	Pacht		Eigentum	
	T€	%	T€	%
Mieten und Pachten	95,2	23,4	0,0	0,0
Leasing	1,6	0,4	6,1	1,5
Instandhaltung	7,7	1,9	23,2	5,7
AfA und GWGs	10,6	2,6	39,1	9,6
Zinsen für Fremdkapital	3,7	0,9	30,1	7,4
Anlagebedingte Kosten	**118,8**	**29,2**	**98,5**	**24,2**
Betriebsergebnis II	**75,5**	**18,5**	**95,8**	**23,5**
Neutrale Erträge	0,8	0,2	0,0	0,0
Neutrale Aufwendungen	0,4	0,1	0,0	0,0
Gewinn (vor Steuern)	**75,9**	**18,6**	**95,8**	**23,5**

8. Fallstudien zur Vertiefung

Fallstudie 8.1
Das Ferienhotel "Steinmeer" im Odenwald hat 200 Hotel- und Appartementzimmer. Es ist ganzjährig (365 Tage) geöffnet. Als Assistent der Geschäftsleitung sind Sie mit kosten- analytischen Aufgaben betraut. Hierfür liegen Ihnen aus dem Rechnungswesen folgende Ist-Zahlen vor (siehe unten)

Weitere Annahmen:
Die Zimmer sind im Durchschnitt von 2 Personen belegt, Speisen und Getränke verteilen sich gleichmäßig auf die Gäste, die Nebenleistungen werden von einem Drittel der Gäste in Anspruch genommen. Die Kosten verlaufen proportional.

Verteilungsschlüssel der Gemeinkosten:

	Beherbergung	Verpflegung	Nebenleistungen
Personal	3	6	1
Verwaltung	1	1	1
Animation	1	0	0
Sonstige	1	1	1

Bei einer Auslastung von	66%	75%
Erlöse:		
I. Unterkunft Hotel und App.- Haus	3.078.720,00	3.498.540,00
II. Speisen und Getränke	2.924.784,00	3.323.613,00
III. Nebenleistungen z.B. Sportanlagen, Kegelbahnen	342.080,00	388.730,00
Gesamterlöse	6.345.584,00	7.210.883,00
Kosten:		
I. Unterkunft Hotel und App.- Haus	854.070,00	929.625,00
II. Wareneinsatz Lebensmittel und Getränke	819.060,00	930.750,00
III. Personalkosten	1.800.000,00	1.832.850,00
IV. Nebenleistungen	175.000,00	182.555,50
V. Verwaltung	411.000,00	432.681,00
VI. Animation	253.000,00	253.000,00
VII. Sonstige Kosten	859.500,00	938.340,00
	5.171.630,00	5.499.801,50

1 Berechnen Sie jeweils für den Leistungsbereich
- → Beherbergung
- → Verpflegung
- → Nebenleistungen

jeweils bei 66%iger und 75%iger Auslastung
K; Kv; Kf; kv; e!

2 Ermitteln Sie jeweils den Break-even-point!

Ein Touristikunternehmen wäre bereit, einen Odenwald-Kurzurlaub mit 6 Übernachtungen im Hotel "Steinmeer" anzubieten, wenn das Hotel einen Pensionspreis von netto 149,95 € pro Teilnehmer akzeptieren würde.

3 Wie würden Sie entscheiden, wenn im Februar das Hotel zu 19 % ausgelastet wäre?

Fallstudie 8.2
Erstellen Sie für die folgende Organisationsstruktur eines Hotel-Restaurants einen Kostenstellenplan!

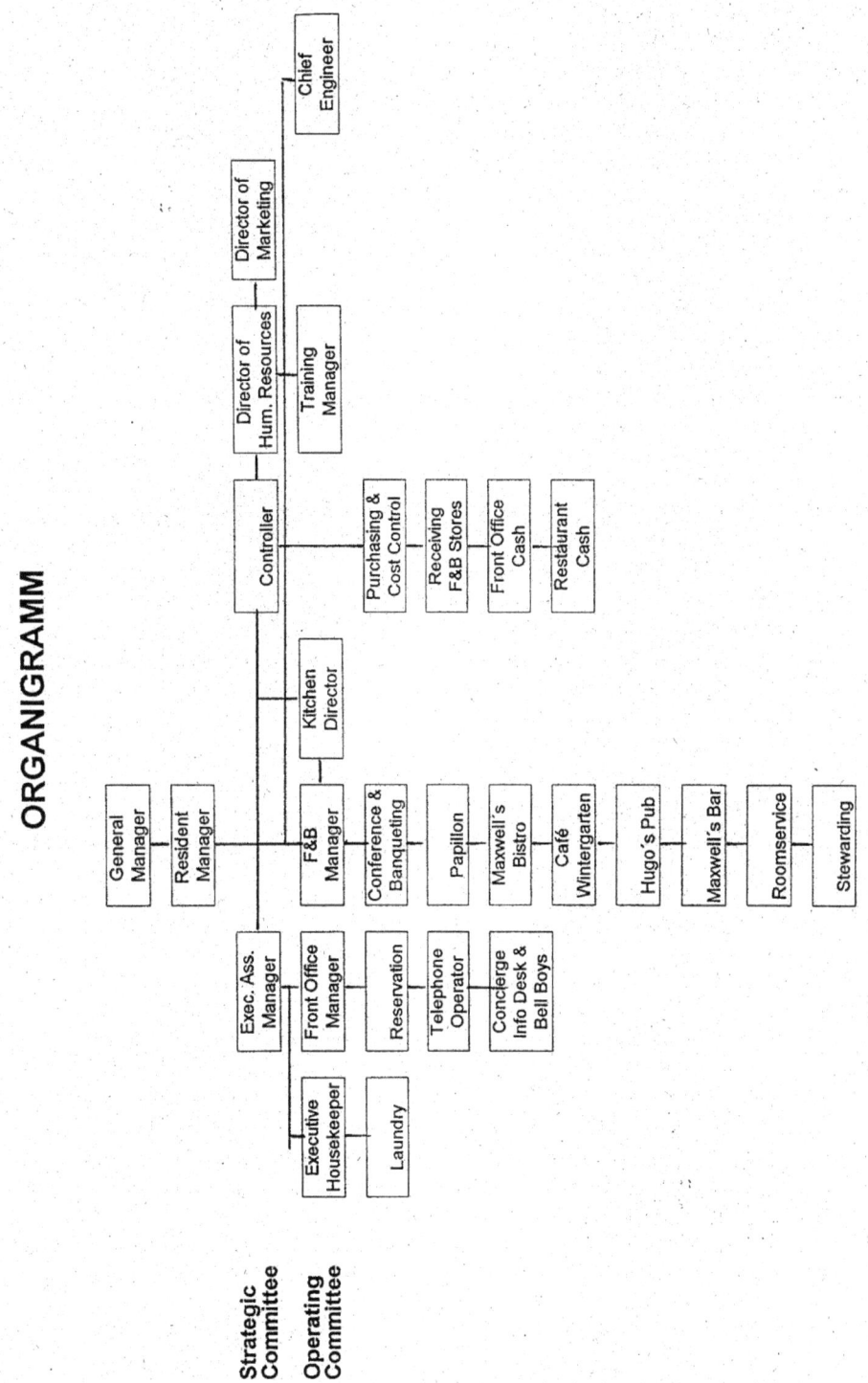

Fallstudie 8.3

Als Mitarbeiter in der Abteilung Rechnungswesen des Hotel-Restaurants Astra sollen Sie die kurzfristige Erfolgsrechnung für das 3. Quartal 20.. vorbereiten.

Dazu liegen aus der Betriebswirtschaftlichen Auswertung Ihres Steuerberaters folgende Werte bereits vor:

Konten	Soll €	Haben €
40 00 10 Beherbergungsumsatz		60.000,00
40 00 20 Speisenumsatz		48.000,00
40 00 30 Getränkeumsatz		36.000,00
48 39 00 Sonstige Erträge unregelmäßig		1.800,00
74 00 00 Außerordentliche Erträge		1.200,00
50 00 20 Warenkosten Lebensmittel	2.000,00	
50 00 30 Warenkosten Getränke	16.200,00	
60 00 00 Personalkosten	46.080,00	
63 25 00 Gast, Strom, Wasser	12.600,00	
64 30 11 Gebühren und Beiträge	27.600,00	
68 50 11 Sonst. Betriebs- u. Verwaltungskosten	2.280,00	
63 10 10 Mieten/Pachten	2.100,00	
63 16 00 Instandhaltung	1.920,00	
62 20 00 Abschreibungen und GWG	2.200,00	
68 95 00 Verluste aus Anlageabgängen	2.000,00	
71 00 00 Zinsen	3.300,00	
75 00 00 Außerordentliche Aufwendungen	3.500,00	
Gesamtergebnis		**15.220,00**

Die Zahlen des Steuerberaters sind von Ihnen für die interne kurzfristige Erfolgsrechnung unter folgenden Gesichtspunkten aufzubereiten:

a) Es ist noch ein Wareneinsatz Lebensmittel in Höhe von 1.440,00 € zu berücksichtigen.

b) Der Steuerberater hat bei Getränken "Einkauf = Verbrauch" gebucht. Die erst jetzt erfolgte Inventur ergibt jedoch einen Endbestand von 9.000,00 €.

c) Im Konto 62 60 00 sind bisher nur die geringwertigen Wirtschaftsgüter enthalten; die Abschreibungen auf das Sachanlagevermögen im Wert von insgesamt 400.000,00 € werden erst am Jahresende mit 90.000,00 € gebucht; intern soll jedoch mit 20% kalkulatorisch abgeschrieben werden. Dieser Wert ist auch in der Quartalsabrechnung zu berücksichtigen.

d) Für das abgelaufene Quartal ist ein kalkulatorischer Unternehmerlohn von 12.000,00 € anzusetzen.

e) Das betrieblich vereinbarte 13. Monatsgehalt in Höhe von insgesamt 15.360,00 € soll bereits anteilig in die Quartalsabrechnung eingehen.

f) Die in Konto 63 25 00 ausgewiesenen Energiekosten enthalten auch die Vorratskäufe im Monat August zur Füllung der Öltanks; erfahrungsgemäß sind im dritten Quartal jedoch Energiekosten in Höhe von 7.200,00 € angemessen.

1 Nehmen Sie die notwendigen Abgrenzungen vor und ermitteln Sie die Ausgangswerte für die kurzfristige Erfolgsrechnung!

2 Geben Sie für die Fälle a), c) und d) an, in welcher Höhe jeweils Grundkosten, Zweckaufwand, neutraler Aufwand und Zusatzkosten anfallen.

3 Verteilen Sie die Gemeinkosten (korrigierte Werte!) in einem Betriebsabrechnungsbogen nach folgenden Vorgaben:
-Personalkosten im Verhältnis 2:3:1 auf Beherbergung, Küche und Keller
-alle übrigen Gemeinkosten im Verhältnis der Erlöse

4 Ermitteln Sie die drei Betriebsergebnisse und das Gesamtergebnis.

5 Wie hoch waren die durchschnittliche Wareneinsatzquote bei Speisen und der durchschnittliche Kalkulationsfaktor bei Getränken im abgelaufenen Quartal?

Fallstudie 8.4

Im Restaurant "Elefant" in Heidelberg, das als OHG geführt wird, legt der Steuerberater regelmäßig seine Betriebswirtschaftliche Auswertung vor. In der letzten Abrechnungsperiode haben sich folgende Zahlen ergeben:

Konten	Soll €	Haben €
Speisenumsatz		49.000,00
Getränkeumsatz		37.000,00
Erträge aus Wertpapieren		3.000,00
Warenkosten Lebensmittel	14.000,00	
Warenkosten Getränke	8.200,00	
Personalkosten	24.560,00	
Energiekosten	2.600,00	
Sonstige Betriebs- und Verwaltungskosten	9.400,00	
Miete/Pacht/Leasing	2.100,00	
Instandhaltung	1.920,00	
Abschreibungen und GWG	2.200,00	
Zinsen	3.300,00	
Außerordentliche Aufwendungen	5.500,00	
Gesamtergebnis der Abrechnungsperiode		15.220,00

In der Kosten- und Leistungsrechnung wird dagegen mit folgenden Zahlen gearbeitet:

Konten	Soll €	Haben €
Speisenumsatz		49.000,00
Getränkeumsatz		37.000,00
Warenkosten Lebensmittel	14.000,00	
Warenkosten Getränke	8.200,00	
Personalkosten	24.560,00	
Unternehmerlohn	8.000,00	
Energiekosten	2.600,00	
Sonstige Betriebs- und Verwaltungskosten	9.400,00	
Miete/Pacht/Leasing	2.100,00	
Instandhaltung	1.920,00	
Abschreibungen und GWG	4.500,00	
Zinsen	4.800,00	
Gesamtergebnis der Abrechnungsperiode		5.920,00

1 Untersuchen Sie, wie und warum diese unterschiedlichen Zahlen zustande kommen und erläutern Sie dabei die Begriffe "sachliche Abgrenzung" und "kalkulatorische Kosten".

2   Geben Sie aus den obigen Daten jeweils ein zutreffendes Beispiel für Grundkosten bzw. Zweckaufwand, Zusatzkosten sowie neutrale Aufwendungen.

3   Angenommen, außer den Warenkosten sind auch 20% der Energie- und der Personalkosten als variabel zu betrachten – wie hoch ist dann der in der betrachteten Abrechnungsperiode erwirtschaftete Deckungsbeitrag?

4   Wie hoch ist im obigen Fall der Break-even-Umsatz?

Fallstudie 8.5

Aus einem Betriebsvergleich für Eigentumsbetriebe mit einem Beherbergungsanteil bis 40% und einem Betriebsumsatz von 300.000,00 -600.000,00 € ergeben sich folgende Zahlen zur Umsatz- und Kostenstruktur:

Umsatz/Kosten/Gewinn	Vergleichswerte		Ihr Betrieb	
	in T€	in %		in %
Beherbergungsumsatz	151,75	31,7		
Warenumsatz: Speisen	213,75	44,7		
+Getränke	81,05	17,0		
+ Sonstiges	0,45	0,1		
= Gesamt	295,25	61,8		
Sonstiger Betriebsumsatz	31,30	6,5		
BETRIEBSUMSATZ	478,30	100,0		
Warenkosten: Speisen	70,50	14,7		
+ Getränke	23,15			
+ Sonstiges	0,30			
= Gesamt	93,95			
Personalkosten	146,60			
Energiekosten	29,20			
Steuern, Geb, Beitr., Vers.	11,80			
Betriebskosten	26,80			
Verwaltungskosten	31,80			
SUMME BETRIEBSB.KOSTEN	340,15			
BETRIEBSERGEBNIS I	138,15			
Mieten und Pachten	4,60			
Leasing	1,40			
Instandhaltung	12,65			
Afa und GWG	24,80			
Zinsen für Fremdkapital	33,25			
SUMME ANLAGEB.KOSTEN	76,70			
BETRIEBSERGEBNIS II	61,45			
Neutrale Erträge	0,75			
Neutrale Aufwendungen	0,0			
GEWINN (vor Steuern)	62,20			
Ergänzende Informationen:				
Vollbeschäftigte	10,1	Gästeankünfte/ Jahr	4.031	
Vollbeschäftigte Arbeitnehmer	9,5	Verkaufte Zimmer/Jahr	5.050	

Öffnungstage/Jahr	337	Übernachtungen/Jahr	8.292
Anzahl Zimmer	28	Sitzplätze Restaurant	109
Anzahl Betten	55	Restaurant-Gäste/Jahr	29.700

1. Ergänzen Sie die fehlenden Prozentangaben bei den Vergleichswerten!

2. Berechnen Sie für den Gesamtbetrieb:
    - den Betriebsumsatz pro Öffnungstag
    - den Betriebsumsatz je Vollbeschäftigten
    - die Personalkosten je vollbeschäftigten Arbeitnehmer

3. Berechnen Sie für den Beherbergungsbereich:
    - die durchschnittliche Aufenthaltsdauer je Gast
    - die Doppelbelegungsquote
    - den Auslastungsgrad - Zimmer
    - den Auslastungsgrad - Betten
    - den Beherbergungsumsatz pro Zimmer (Average Room Rate)
    - den Beherbergungsumsatz pro Übernachtung

4. Berechnen Sie für den F&B-Bereich:
    - den Warenumsatz je Gast
    - den Warenumsatz je Sitzplatz und Jahr
    - die Wareneinsatzquote - Gesamt
    - den Kalkulationsfaktor - Gesamt
    - die Wareneinsatzquote - Speisen
    - den Kalkulationsfaktor - Speisen
    - die Wareneinsatzquote - Getränke
    - den Kalkulationsfaktor – Getränke

Fallstudie 8.6

In einem Betriebsrestaurant soll die Kaffeeversorgung verbessert werden. Bisher wurde nur Kaffee zu einem kostendeckenden Preis (0,25 € pro Tasse) ausgegeben.

Der Küchenchef möchte eine kleine "Kaffeebar" einrichten, in der die Tischgäste neben Kaffee auch Espresso, Cappuccino und weitere Kaffeespezialitäten in Selbstbedienung erhalten können.

Für die interne Entscheidungsfindung wird mit zwei Varianten beim Abgabepreis gerechnet. Die Kostenrechnung geht von folgenden Daten aus:

Anschaffung/Investition Kaffeemaschine mit zwölf Wahlmöglichkeiten inklusive Montage	netto 5.520,00 €
Abschreibung/Nutzungsdauer	5 Jahre
Wartungspauschale per Monat inkl. An- und Abfahrt und Kleinteile	31,00 €
Umbaumaßnahmen inkl. Bistrotische und -stühle	netto 4.200,00 €
Abschreibung/Nutzungsdauer	10 Jahre
Warenkosten pro Getränk	0,20 € netto
Bruttoverkaufspreis pro Tasse (Variante 1)	0,50 €
(Variante 2)	0,60 €
Öffnungstage im Monat	20 Tage

Die tägliche Reinigung der Kaffeemaschine und der Kaffeebar, für die ca. 20 30 Minuten benötigt werden, wird von einer Aushilfskraft nebenbei erledigt, die bisher nicht voll ausgelastet war.

1. Wie viele Tassen pro Jahr/Monat/Tag müssen bei einem Abgabepreis von 0,50 € bzw. 0,60 € pro Tasse verkauft werden, um die Gewinnschwelle zu erreichen?

2. Wie viel Deckungsbeitrag pro Monat/Jahr über Break-even hinaus erzielt das Betriebsrestaurant, wenn täglich 75 Tassen bei einem Abgabepreis von 0,50 € bzw. 0,60 € verkauft werden?

3. Die Aushilfskraft ist bereits voll ausgelastet. Sie ist jedoch bereit, täglich eine halbe Stunde länger zu arbeiten. Die Arbeitskosten pro Stunde liegen bei dieser Aushilfe bei 16,00 €. Wie verändern sich die Ergebnisse aus 1 und 2?

Fallstudie 8.7

Die Heidelberger Hotel AG verfügt über 100 Einzelzimmer (EZ), 50 Doppelzimmer (DZ), 30 Einzelzimmer- (1Apart) und 20 Zweibettzimmer-Appartement (2Apart), die in verschiedenen Gebäuden bzw. Gebäudeteilen untergebracht sind. Sie kalkuliert seit einiger Zeit ihre Leistungen getrennt nach variablen und fixen Kosten. Die Fixkosten des gesamten Unternehmens werden mit einem Zuschlag auf die variablen Kosten abgedeckt. Diese Teilkostenrechnung wird durch den Fixkostenzuschlag zur Vollkostenrechnung ergänzt

1 Ergänzen Sie die Tabelle 1 und ermitteln Sie

   1.1 die variablen Kosten je Kostenträger

   1.2 den Deckungsbeitrag je Kostenträger und für das gesamte Unternehmen in € und in % der variablen Kosten

   1.3 den Fixkostenzuschlag in %

   1.4 das Betriebsergebnis

2 Welcher bzw. welche Kostenträger erreichen im Jahr 2014 nicht das Ziel der Vollkostendeckung? Begründen Sie Ihre Aussage anhand der Zahlen!

3 Würden Sie den bzw. die Kostenträger (siehe Teil-Aufgabe 10) bei den aus Tabelle 1 ersichtlichen Daten aus dem Programm nehmen oder weiter anbieten? Begründen Sie Ihre Antwort.

4 Wie hoch ist das Betriebsergebnis für 2014, falls der unter Pkt. 2 ermittelte Kostenträger schon 2014 nicht mehr produziert worden wäre?

Im nächsten Schritt wurden die bisher im Block verrechneten Fixkosten weiter analysiert. Die einzelnen Kostenträger zeigen eine recht unterschiedliche Fixkostenstruktur. Außerdem wurde festgestellt, dass die Kostenträger EZ und DZ sowie 1Apart und 2Apart zu je einer Gruppe zusammengefasst werden müssen, da einige Fixkosten gruppenweise zugerechnet werden können. Die Verkaufsabteilung Geschäftsreisende umfasst den Vertrieb der Kostenträger EZ/DZ, der Verkaufsbereich Feriengäste vertreibt die Erzeugnisse 1Apart/2Apart. Als dritter Block wurden die Unternehmensfixkosten festgelegt. Diese umfassen u.a. die Kosten der Geschäftsleitung, die überwiegenden Verwaltungskostenanteile und ähnliche Kosten (vgl. Tabelle 2).

5 Ergänzen Sie Tabelle 2 und ermitteln Sie
   5.1 den Deckungsbeitrag II je Kostenträger
   5.2 den Deckungsbeitrag III
   5.3 das Betriebsergebnis

6 Vergleichen Sie die Deckungsbeitrags-Aussagen der Tabelle 1 mit den stufenweisen Deckungsbeiträgen der Tabelle 2. Welche neuen Erkenntnisse gewinnen Sie aus Tabelle 2 und welche Schlüsse ziehen Sie daraus?

7 Wie hoch ist das Betriebsergebnis 2014 ohne Kostenträger EZ/DZ?

8 Die Heidelberger Hotel AG hat noch freie Kapazität. Es liegt eine Anfrage über eine Serienbuchung von 10.000 Einzelzimmern im Jahr vom Management-Institut Schlau vor. Der Preis ist allerdings mit netto 90,00 € je Übernachtung limitiert. Würden Sie den Auftrag annehmen? Rechnerische Begründung!

Tabelle 1: Kostenträger- und Ergebnis-Rechnung für 2014					
Kostenträger	EZ	DZ	1 Apart	2 Apart	Gesamt
Öffnungstage	315	315	315	315	
Auslastung	30%	43%	55%	65%	
Zimmerzahl	100	50	30	20	
Zimmerpreis, netto	125,00	160,00	170,00	180,00	
Umsatz/Erlös					
- Sonderk. des Vertriebs	2.500,00	4.000,00	7.000,00	10.000,00	
Netto-Erlös					
Kostenträger	EZ	DZ	1 Apart	2 Apart	Gesamt
ges. Materialverbrauch					
variable Materialgemeinkosten	6.615,00	5.282,55	2.806,65	2.702,70	

tägl. Arbeitsminuten/Zimmer	35	40	45	50	
verr. Stundensatz	18,50	18,50	18,50	18,50	
verr. Minutensatz					
variable Fertigungskosten					
Sonderkosten der Fertigung	10.500,00	1.000,00	3.000,00	500,00	
variable Verwaltungs- und Vertriebskosten	15.000,00	2.000,00	3.000,00	500,00	
Summe variable Kosten					
Deckungsbeitrag/€					
Deckungsbeitrag in % von den Teilkosten					
Fixkosten-Summe €					3.127.220,00
Fixkosten-Zuschlag von Teilkosten in %					
Betriebsergebnis					

Tabelle 2: Fixkosten-Rechnung für 2014					
Kostenträger	EZ	DZ	1 Apart	2 Apart	Gesamt
Deckungsbeitrag I aus Tabelle 1 entnehmen					
Kostenträgerfixkosten	1.112.418,00	738.720,00	466.010,00	391.450,00	2.708.598,00
Deckungsbeitrag II					
Gruppenfixkosten	201.622,00		111.100,00		312.722,00
Deckungsbeitrag III					
Unternehmensfixkosten					105.900,00
Betriebsergebnis					

9. Grundlagen der Buchführung

Aufgabe 9.1
1   Nennen Sie die zwei Teilbereiche des Rechnungswesens.

2   Erklären Sie anhand von drei Kriterien (z.B. Adressaten, Instrumente usw.) die Unterschiede bzw. die Funktionen der Teilbereiche.

Aufgabe 9.2
Erläutern Sie die gesetzlichen Grundlagen der Buchführungspflicht.

Aufgabe 9.3
Geben Sie rechtliche und wirtschaftliche Gründe für die Buchführungspflicht an.

Aufgabe 9.4

1 Erläutern Sie die gesetzliche Bedeutung der Aufbewahrungspflichten in der Buchführung.

2 Wie lange sind aufzubewahren:

- Handelsbücher

- Verzeichnisse zum Inventar

- Bilanzen

- empfangene Geschäftsbriefe

- Programme und Systeme der Datenverarbeitung (DV oder IT)

Aufgabe 9.6

Das Hotel "Heidelberger Hof" in Heidelberg hatte im Jahr 14 einen Umsatz von 490.000,00 € und im Jahr 15 insgesamt 510.000,00 €. Der Gewinn betrug wegen der Anlaufschwierigkeiten im ersten Jahr 37.750,00 € und danach 49.500,00 €.

Stellen Sie nach Steuerrecht für beide Jahre fest, ob das Hotel buchführungspflichtig ist! Begründen Sie Ihre Entscheidung!

Aufgabe 9.7

Nennen Sie vier Grundsätze ordnungsmäßiger Buchführung, die im HGB niedergelegt sind und erläutern Sie Sinn und Zweck der GOBs.

10. Inventar erstellen und in Bilanz überführen

Aufgabe 10.1
Erklären Sie die Durchführung einer Inventur und zeigen Sie auf, welche Tätigkeiten dabei auszuführen sind.

Aufgabe 10.2
Erklären Sie welche Funktion im Rahmen der ordnungsmäßigen Buchführung die Inventurlisten haben.

Aufgabe 10.4
Erläutern Sie die folgenden Begriffe:

- Stichtagsinventur

- Permanente Inventur

- vor- und nachverlegte Inventur

- Stichprobeninventur

- Buchinventur

Aufgabe 10.5
Erklären Sie die handelsrechtlichen Vorschriften die bei der Aufstellung des Inventars zu beachten sind.

Aufgabe 10.6
1 Skizzieren Sie den Aufbau eines Inventars entsprechend der GOBs.

2 Was bedeutet es, wenn gilt: B > A?

3   Nach welchen Gesichtspunkten sind in einem Inventar Vermögensgegenstände und Schulden geordnet?

Aufgabe 10.7
Stellen Sie für einen laufenden Betrieb (d.h. Anlagevermögen teilweise abgeschrieben) nach folgenden Angaben ein Inventar auf: bebaute Grundstücke 180.000,00 €; Betriebs- und Geschäftsausstattung: Küche 30.000,00 €; Restaurant 80.000,00 €; Hotelbereich 100.000,00 €; Lebensmittel 12.000,00 €; Getränke 25.000,00 €; Forderungen 15.000,00 €; Bank 20.000,00 €; Kasse 10.000,00 €; Darlehn der Brauerei 12.000,00 € und der Sparkasse 15.000,00 €; Verbindlichkeiten gegenüber Lieferanten 8.000,00 €.

Die Angaben sind in Euro. Der Inhaber des Hotels "Roter Adler" in Waldstadt, Schneckenfeld 1, ist Felix Bauer.

Aufgabe 10.8

1 Was ist eine Bilanz?

2 Charakterisieren Sie die beiden Seiten einer Bilanz.

3 Erklären Sie, warum die Summen der beiden Bilanzseiten gleich sein müssen.

4 Wie ist eine Bilanz zu gliedern?

Aufgabe 10.9

Erstellen Sie aus dem Inventar der Aufgabe 10.7 eine Bilanz!

Aktiva	Bilanz	Passiva

Aufgabe 10.10
Stellen Sie aus den folgenden Angaben des Inventars eine Bilanz auf!
(Angaben in €)

Hotel "Alpenblume", Inh.: Xaver Belz
Bebaute Grundstücke 300.000,00, Technische Anlagen und Maschinen lt. Liste 100.000,00 €; Hotelinventar 220.000,00; Geschirr, Bestecke, Wäsche 33.000,00 €; ein LKW 27.000,00 €; ein PKW 15.000,00 €; Rohstoffe 50.000,00 €; Betriebsstoffe 16.400,00 €; Waren 99.000,00 €; Forderungen gegen Reisebüro Peters 9.200,00 € und gegen Kall-Reisen 8.900,00 €; Kasse 3.900,00 €; Postbankguthaben 4.200,00 €; Bankguthaben bei der Commerzbank 62.500,00 € und bei der Kreissparkasse 18.100,00 €; Hypothekenschulden 182.000,00 €; Darlehensschulden bei der Commerzbank 20.500,00 € und bei der Deutschen Bank 60.000,00 €; Verbindlichkeiten gegen Lieferer 41.200,00 €.

Aktiva	Bilanz	Passiva

Aufgabe 10.11
Nennen Sie die Möglichkeiten der Bilanzveränderungen und geben Sie jeweils einen Geschäftsfall als Beispiel!

Aufgabe 10.12

Aus der Buchführung des Hotels "Stern" liegen folgende Geschäftsfälle vor:

a) Eine Maschine zu 40.000,00 € wird gegen bar gekauft.

b) Ein Unternehmen eröffnet ein Bankkonto und zahlt 50.000,00 € ein.

c) Waren im Wert von 4.000,00 € werden gekauft. Für die Zahlung ist ein Ziel von 3 Monaten eingeräumt.

d) 50% der Warenrechnung (2.000,00 €, Fall c)) wird per Banküberweisung beglichen.

e) Der Lieferer ist damit einverstanden, dass die Restverbindlichkeit in ein Darlehn gewandelt wird.

f) Es werden Waren im Wert von 3.000,00 € gegen bar gekauft.

1   Stellen Sie die Auswirkung der Geschäftsfälle auf die Bilanz dar.

2   Stellen Sie die Fälle anhand einzelner aufeinander folgender Bilanzen dar. Gehen Sie dabei von einer Eröffnungsbilanz aus, bei der das Eigenkapital in Höhe von 140.000,00 € bar vorhanden ist.

Aufgabe 10.13

Geben Sie bei den folgenden Geschäftsfällen die Änderungen der Bilanzpositionen an und zeigen Sie auf, um welchen der vier Grundfälle es sich handelt!

a) Wir zahlen eine Lieferantenrechnung durch Banküberweisung 4.500,00 €.
b) Wir kaufen einen Schreibtisch bar 1.000,00 €.
c) Wir zahlen ein kurzfristiges Lieferantendarlehen durch Banküberweisung zurück 9.500,00 €.
d) Ein Kunde überweist einen Rechnungsbetrag auf unser Bankkonto 1.100,00 €.
e) Wir heben von unserem Bankkonto bar ab und legen das Geld in die Geschäftskasse 3000,00 €.
f) Wir kaufen Rohstoffe auf Ziel: 1.500,00 €.
g) Eine Verbindlichkeit aus Lieferung und Leistung wird in ein Lieferdarlehen umgewandelt: 12.000,00 €.
h) Wir kaufen ein Lagerregal auf Ziel: 2.000,00 €.
i) Ein Kunde zahlt eine offene Rechnung bar: 7.000,00 €.
j) Darlehensaufnahme – Gutschrift erfolgt auf unserem Bankkonto: 20.000,00 €.
k) Rücksendung von Hilfsstoffen an einen Lieferer: 2.500,00 €.
l) Der Geschäftsinhaber legt seinen Lottogewinn in die Kasse: 13.000,00 €.
m) Wir bezahlen ein altes Autodarlehen mit dem alten LKW ab: 10.000,00 €.

Fall.	1 Welche Bilanzposition wird berührt?	2 Art des Grundfalls
a)		
b)		
f)		
g)		
h)		
i)		
j)		
k)		
l)		
m)		

Aufgabe 10.14
Welche Größen sind beim Betriebsvermögensvergleich heranzuziehen?

Aufgabe 10.15
Erklären Sie die Behandlung von Privatentnahmen und Privateinlagen bei der Durchführung des Betriebsvermögensvergleiches!

Aufgabe 10.16
Aus den Jahresabschlüssen liegen Ihnen folgende Zahlen vor:

Betriebsvermögen am Anfang des Jahres	123.600,00 €
Betriebsvermögen am Ende des Jahres	168.700,00 €
Privatentnahmen	12.600,00 €
Privateinlagen	15.300,00 €

Führen Sie den Betriebsvermögensvergleich durch!

Aufgabe 10.17
Ermitteln Sie anhand der folgenden Zahlen Gewinn oder Verlust!

Betriebsvermögen am Ende des Jahres	210.500,00 €
Betriebsvermögen am Ende des vorangehenden Jahres	197.300,00 €
Privatentnahmen	14.200,00 €
Privateinlagen	0,00 €

Aufgabe 10.18
Führen Sie anhand der folgenden Zahlen einen Betriebsvermögensvergleich durch!

Betriebsvermögen am Jahresbeginn	375.000,00 €
Inventurwerte am Jahresende: Vermögen	486.000,00 €
Schulden	86.200,00 €
Privatentnahmen	8.000,00 €
Einlagen im Lauf des Jahres	24.000,00 €

Aufgabe 10.19
1 Vervollständigen Sie die folgende Übersicht für das Odenwälder Restaurant "Zum Hannes" zu einer formgerechten Bilanz:

Aktiva	Bilanz zum 31.12.2015		Passiva
02 40 00	667.400,00	20 10 00	
04 00 00	82.820,00	31 50 00	250.000,00
05 00 00	90.700,00	31 70 00	28.670,00
05 20 00	18.680,00	33 00 00	39.920,00
11 40 30	7.260,00		
11 40 45	12.330,00		
12 00 00	1.240,00		
16 00 00	9.480,00		
18 00 00	53.900,00		

2 Wie hoch war der betriebliche Erfolg im Restaurant „Zum Hannes" im Jahr 2015, wenn bei einem Eigenkapital-Anfangsbestand von 607.380,00 € die Privatentnahmen im Lauf des Jahres 2015 monatlich 2.400,00 € betragen haben und im Mai eine Einlage von 12.750,00 € getätigt wurde?

Aufgabe 10.20

Die Bilanz der Firma Paul Meier ergibt in den Jahren 2014 und 2015 jeweils folgendes Bild:

Aktiva	Bilanz zum 31. Dezember 2014		Passiva
Grundstücke	160.000	Eigenkapital	350.000
Gebäude	235.000	Verbindlichkeiten	
Maschinen	167.000	geg. Banken	282.000
Geschäftsausstattung	48.000	Verbindlichkeiten	
Vorräte	16.500	aus Lieferungen und	
Forderungen	7.500	Leistungen	25.500
Flüssige Mittel	23.500		
	657.500		657.500

Aktiva	Bilanz zum 31. Dezember 2015		Passiva
Grundstücke	190.000	Eigenkapital	402.500
Gebäude	216.000	Verbindlichkeiten	
Maschinen	140.000	geg. Banken	205.000
Geschäftsausstattung	40.000	Verbindlichkeiten	
Vorräte	20.000	aus Lieferungen und	
Forderungen	4.500	Leistungen	28.000
Flüssige Mittel	25.000		
	635.500		635.500

Im Laufe des Jahres 2014 hat Paul Meier monatlich 2.400,00 € für private Zwecke entnommen. Eine kleine Erbschaft in Höhe von 15.000,00 € hat er bar ins Unternehmen eingebracht.

Ermitteln Sie den betrieblichen Erfolg für das Jahr 2015!

11. Auf Bestandskonten buchen und diese abschließen

Aufgabe 11.1
Beschreiben Sie den Aufbau eines Bestandskontos.

Aufgabe 11.2
Stellen Sie in den Konten "Forderungen" und "Verbindlichkeiten" die Stellung von:
- Anfangsbestand
- Zugang
- Abgang
- Endbestand

schematisch dar!

Aufgabe 11.3
Auf einem Kassenkonto in T-Form sind folgende Buchungen (ohne Gegenbuchungen) einzutragen:

Anfangsbestand	840,00 €
Zahlung eines Gastes	250,00 €
Ausgaben für Porto	40,00 €
Zahlung an den Lieferer	320,00 €
Begleichung einer Stromrechnung	167,00 €
Zahlung für Telefongebühren	110,00 €
Abhebung von der Bank	500,00 €
Gehaltszahlung an Mitarbeiter	480,00 €

Das Konto ist formgerecht abzuschließen. Nennen Sie die notwendigen Schritte zum Abschluss eines Kontos!

Soll	Kassenkonto	Haben

Aufgabe 11.4
Übungsaufgabe zum Thema Buchungssatz:

Geschäftsfälle	Welche Konten werden berührt?	Um welche Kontoart handelt es sich? (Aktiv/Passiv)	Wie verändern sich die Kontobestände? (+ od. −)	Auf welcher Kontoseite ist zu buchen? Soll Haben
Wir zahlen eine Lieferantenrechnung durch Banküberweisung 4.500,00 €.				
Wir kaufen einen Schreibtisch bar 1.000,00 €.				
Wir zahlen ein kurzfristiges Lieferantendarlehen durch Banküberweisung zurück 9.500,00 €.				
Ein Kunde überweist einen Rechnungsbetrag auf unser Bankkonto 1.100,00 €.				
Wir heben von unserem Bankkonto bar ab und legen das Geld in die Geschäftskasse 3.000,00 €.				
Wir kaufen Rohstoffe auf Ziel 1.500,00 €.				
Eine Verbindlichkeit aus Lieferung und Leistung wird in ein Lieferdarlehen umgewandelt. 12.000,00 €.				
Wir kaufen ein Lagerregal auf Ziel 2.000,00 €.				
Ein Kunde zahlt eine offene Rechnung bar 7.000,00 €.				
Darlehensaufnahme – Gutschrift erfolgt auf unserem Bankkonto 20.000,00 €.				
Der Geschäftsinhaber legt seinen Lottogewinn in die Kasse 13.000,00 €.				

Aufgabe 11.5
Anfangsbestände:

Forderungen einschl. USt.	5.620,00 €
Verbindlichkeiten einschl. USt.	39.200,00 €

Geschäftsfälle:

a)	Ausgangsrechnung für kaltes Büfett plus 19% USt.	5.100,00 €
b)	Ausgleich der ER Nr. 12345 per Bank	2.040,00 €
c)	Rechnungsausgleich per Bank für Fall a)	
d)	Zieleinkauf von Lebensmitteln plus 7% USt.	970,00 €

1 Eröffnen Sie die Konten Forderungen und Verbindlichkeiten.

2 Erfassen Sie die Geschäftsfälle a)-d) in den entsprechenden Konten.

3 Ermitteln Sie die Salden der beiden Konten!

Aufgabe 11.6
Erklären Sie Sinn und Zweck vom Eröffnungsbilanzkonto und vom Schlussbilanzkonto.

Aufgabe 11.7
Führen Sie nach den folgenden Angaben die Buchführung vom Eröffnungs- bis zum Schlussbilanzkonto durch!

Bestände der Eröffnungsbilanz: Maschinen 46.000,00 €; Lebensmittel 19.000,00 €; Forderungen 15.000,00 €; Kassenbestände 5.000,00 €; Bankguthaben 23.000,00 €; Darlehnsschulden 7.000,00 €; Verbindlichkeiten 16.000,00 €; Eigenkapital? €

Geschäftsfälle:
a)	Kauf von Lebensmitteln bar	1.600,00 €
b)	Kauf von Lebensmitteln auf Ziel	1.725,00 €
c)	Gast überweist zum Rechnungsausgleich per Bank	1.700,00 €
d)	Ausgleich der ER Nr. .... per Bank	100,00 €

Aufgabe 11.8
Stellen Sie für die folgenden Fälle ein Grundbuch auf!
(Hinweis: Buchungen derzeit noch ohne Umsatzsteuer)

a)	Lebensmitteleinkauf auf Ziel	600,00 €
b)	Brauerei liefert Bier gegen bar	400,00 €
c)	Rücksendung falsch gelieferten Weines	200,00 €
d)	Wir kaufen eine Maschine im Wert von Banküberweisung Rest bar	7.000,00 € 5.000,00 €
e)	Wir überweisen für eine Lieferrechnung per Bank	1.000,00 €
f)	Wir kaufen eine Kaffeemaschine (BGA) auf Ziel	2.400,00 €
g)	Ausgleich einer Verbindlichkeit per Bank	2.040,00 €
h)	Zielverkauf eines gebrauchten PCs zum Buchwert von	1.400,00 €
i)	Für den Ausgleich der Rechnung aus Fall h) erhalten wir einen Banküberweisung und den Rest in bar	1.000,00 €

Aufgabe 11.9
Welche Geschäftsfälle werden durch die folgenden Buchungen festgehalten?

1   Verbindlichkeiten an Kasse

2   Waren an Verbindlichkeiten

3   Waren an Kasse

4   Darlehn an Bank

5   Verbindlichkeiten an Darlehn

6   Kasse an Forderungen

Aufgabe 11.10
Eröffnen Sie die Konten mit Hilfe eines EBK! (Hinweis: Buchungen derzeit ohne Umsatzsteuer)

Bebaute Grundstücke 360.000,00 €, Betriebs- und Geschäftsausstattung 420.000,00 €, Lebensmittel 24.000,00 €, Getränke 50.000,00 €, Forderungen 30.000,00 €, Bank 40.000,00 €, Kasse 20.000,00 €, Darlehn 54.000,00 €, Verbindlichkeiten 16.000,00 €, Kapital?

Stellen Sie für die folgenden Geschäftsfälle das Grundbuch auf und buchen Sie in den Konten!

a)	Zieleinkauf von Lebensmitteln	1.000,00 €
b)	Grundstücksverkauf gegen Banküberweisung	24.000,00 €
c)	Wandlung von Verbindlichkeiten in Darlehn	10.000,00 €
d)	Gast zahlt Rechnung vom Vormonat bar	500,00 €
e)	Kauf eines Laptops bar	1.250,00 €
f)	Wir heben Geld von der Bank ab	2.000,00 €
g)	Barverkauf eines gebrauchten Servers zum Buchwert	1.000,00 €

Schließen Sie die Konten mittels SBK ab!

Aufgabe 11.11
(Hinweis: Buchungen derzeit ohne Umsatzsteuer)

Eröffnen Sie die folgenden Konten mit dem Eröffnungsbilanzkonto und bilden Sie die Geschäftsfälle im Grundbuch. Danach buchen Sie die Geschäftsfälle im Kontensystem. Zum Schluss schließen Sie die Konten über das SBK ab!

Bebaute Grundstücke 252.300,00 €, Maschinen 30.600,00 €, Betriebs- und Geschäftsausstattung 44.950,00 €, Fuhrpark 25.300,00 €, Kasse 2.451,00 €, Bank 41.700,00 €, Forderungen 2.344,00 €, Lebensmittel 2.710,00 €, Getränke 9.610,00 €, Verbindlichkeiten 12.105,00 €, Darlehn-Bank 97.450,00 €, Eigenkapital 302.410,00 €.

Geschäftsfälle:

a)	Wir bringen die Tageseinnahmen zur Bank	1.400,00 €
b)	Kauf eines Grundstückes durch Bankzahlung	18.500,00 €
c)	Tilgung eines Bankdarlehns durch Überweisung	12.000,00 €
d)	Verkauf eines gebrauchten Lieferwagens und verschiedener Einrichtungsgegenstände zum Buchwert durch Banküberweisung Rest bar	6.100,00 € 2.600,00 € 7.000,00 €
e)	Kurzfristige Lieferverbindlichkeiten werden in ein Lieferantendarlehen umgewandelt	2.800,00 €
f)	Wir überweisen zum Ausgleich einer Eingangsrechnung vom Weinhändler Maier durch Banküberweisung und den Rest bar	1.200,00 € 600,00 €
g)	Kunde überweist zum Rechnungsausgleich durch Bank	870,00 €

h)	Kauf von Fleisch- und Wurstwaren
	    durch Banküberweisung
	    bar
	    Rest 30 Tage Ziel
		890,00 €
		200,00 €
		90,00 €

j) Wir zahlen durch Überweisung ein Bankdarlehn zurück   12.000,00 €

k) Wir kaufen für das Restaurant 40 neue Stühle   7.650,00 €
   und für die Küche eine Spülmaschine   11.500,00 €
   auf Ziel

l) Der Fußballsportverein begleicht die aus stehende Rech--
   nung für seine Meisterschaftsfeier durch Banküberweisung   920,00 €

m) Die Brauerei gibt uns ein Darlehn und liefert dafür Bier
   im Warenwert von   2.000,00 €

n) Wir erhalten für eine unbezahlte Rechnung bar   154,00 €

o) Eingangsrechnung von Großhändler Müller für
   Wein   380,00 €
   Bier   830,00 €
   TKK   400,00 €
   Wir bezahlen die Hälfte bar und den Rest bleiben wir schuldig.

Aufgabe 11.12
(Hinweis: Buchungen derzeit ohne Umsatzsteuer)
Führen Sie das Grundbuch für folgende Geschäftsfälle:

a) Zieleinkauf von
   - O-Saft: 230,00 €
   - Fritierfett: 145,00 €
   - TFT-Monitor: 280,00 €

b) Ein Gast zahlt seine Schulden von voriger Woche bar: 234,00 €

c) Eingangsrechnung für eine Küchenmaschine: 11.000,00 €

d) Wir mahnen die Ausgangsrechnung über 1.860,00 € an (ohne Mahngebühren)

e) Die Tageseinnahmen vom Wochenende über 4.580,00 € werden erst heute auf die Bank gebracht

f) Der Bankkontoauszug enthält folgende:
   Lastschriften
   - Ausgleich Metrorechnung: 290,00 €
   - Darlehentilgung: 1.200,00 €

   Gutschriften
   - Bareinzahlung: 3.540,00 €
   - Gastrechnung: 930,00 €

g) Lastschrift der Bank für Darlehentilgung: 2.500,00 €

h) Mitarbeiter erhält Arbeitnehmerdarlehn über 1.500,00 € durch Banküberweisung

i) Kauf eines Passat Kombi für 30.000,00 €
   Finanzierung: Altwagen in Zahlung 6.500,00 €
   bar 10.000,00 €
   Rest Banküberweisung (2 Geschäftsfälle)

j) Kauf eines angrenzenden Baugrundstückes für eine Erweiterung des Hotels, Anschaffungskosten 160.000,00 €
   Wir bezahlen per Banküberweisung 135.000,00 €
   bar 25.000,00 €

k) Kauf einer Kaffeemaschine für 14.000,00 €
   Der Lieferant gibt uns darauf einen langfristigen Kredit. Die Rückzahlung erfolgt über einen höheren Preis für das Kaffeepulver.

l) Wir kaufen 100 kg Kaffeepulver für 12,50 €/kg
   Im Preis sind pro Kilo 5,00 € Tilgung enthalten.
   Wir zahlen sofort bar.

Aufgabe 11.13
Welche Geschäftsfälle liegen folgenden Buchungen zugrunde?

	Soll (€)	Haben (€)
a) Lebensmittel	5.000,00	
Getränke	1.200,00	
an Verbindlichkeiten a.L.u.L.		6.200,00
b) Maschinen	10.000,00	
Einrichtungen	800,00	
an Bank		1.800,00
Verbindlichkeiten a.L.u.L		9.000,00
c) Verbindlichkeiten a.L.u.L	11.500,00	
Bank	8.500,00	
an Darlehn		20.000,00
d) Kasse	450,00	
an Forderungen a.L.u.L		450,00
e) Fahrzeuge	40.000,00	
an Fahrzeuge		7.500,00
Kasse		10.000,00
Bank		22.500,00
f) Bank	3.000,00	
an Forderungen a.L.u.L		3.000,00
g) Verbindlichkeiten a.L.u.L	6.200,00	
an Bank		6.200,00

12. Auf Erfolgskonten buchen und diese abschließen

Aufgabe 12.1
Geben Sie an, welche Änderungen das Kapitalkonto

- von privater Seite

- von Seiten der Unternehmenstätigkeit

erfahren kann!

Aufgabe 12.2
Das Hotel- Restaurant "Sockenbacher Hof" legt folgende Konten aus der Buchführung vor (in €):

Soll	BGA	Haben	Soll	Kasse	Haben
AB	35.000,00		AB	5.000,00	775,00
	15.000,00			650,00	475,00

Soll	VBK. a.L.u.L.	Haben	Soll	Eigenkapital	Haben
	AB	3.000,00		AB	125.500,00
		15.000,00			

Soll	Waren	Haben	Soll	Bank	Haben
AB	80.000,00	1.000,00	AB	8.500,00	2.500,00
				4.200,00	3.800,00
				4.200,00	

Soll	Personalkosten	Haben	Soll	Zinsaufwand	Haben
	2.500,00			775,00	
	3.800,00				

Soll	Mieterträge	Haben		Soll	Außerordentl. Ertäge	Haben
		4.200,00				650,00
		4.200,00				

Soll	Privatentnahmen	Haben		Soll	GuV	Haben
	1.000,00					
	475,00					

Soll	SBK	Haben		Soll		Haben

1 Schließen Sie die Konten ab, erstellen Sie die Gewinn- und Verlustrechnung und das Schlussbilanzkonto. Nennen Sie zu jeder Buchung den entsprechenden Buchungssatz!

2 Zeigen Sie anhand der Zahlen aus der obigen Aufgabe die Erfolgsermittlung durch Kapitalvergleich!

Aufgabe 12.3

Eröffnen Sie die folgenden Konten mit dem Eröffnungsbilanzkonto und bilden Sie die Geschäftsfälle im Grundbuch. Danach bilden Sie die Buchungssätze und buchen die Geschäftsfälle im Hauptbuch. Zum Abschluss schließen Sie die Konten über das GuV und das SBK ab! Auch hierzu sind die Buchungssätze im Grundbuch zu erstellen.

Aus der Schlussbilanz des Hotel-Restaurants Holzer sind folgende Bestände entnommen:

Bebaute Grundstücke 530.400,00 €, Maschinen 150.000,00 €, Betriebs- und Geschäftsausstattung 143.900,00 €, Fuhrpark 35.300,00 €, Kasse 5.450,00 €, Bank 141.690,00 €, Forderungen 9.400,00 €, Lebensmittel 12.700,00 €, Getränke 19.600,00 €, Verbindlichkeiten 22.100,00 €, Langfristige Verbindlichkeiten gegenüber Kreditinstituten 377.400,00 €, Eigenkapital 648.940,00 €.

Ergänzungen zum Kontenplan:
Andere Darlehn, Privatentnahmen, sonstige Verwaltungskosten, Instandhaltung, Personalkosten, Zinsaufwendungen, Zinserträge, Erträge aus dem Abgang von Gegenständen des Anlagevermögens, Pachten, Werbung

Geschäftsfälle:

a) Zieleinkauf von Lebensmitteln 4.500,00 €
   und Getränken 2.700,00 €

b) Der Fußballsportverein überweist den Rechnungsbetrag für seine Meisterschaftsfeier von 920,00 €
   auf unser Bankkonto

c) Aufgrund eines langfristigen Bierlieferungsvertrages liefert die Brauerei Bier im Wert von 5.000,00 €

d) Kauf einer Kaffeevollautomaten für 18.500,00 €
   und Büromaterial für 250,00 €
   gegen Überweisung

e) Banküberweisung für eine Reparatur am Kühlaggregat 2.000,00 €

f) Verkauf eines gebrauchten LKWs zum Buchwert 6.100,00 €
   und verschiedener Einrichtungsgegenstände zum Buchwert 2.600,00 €
   gegen Banküberweisung 7.000,00 €
   und den Rest bar

g) Banküberweisung für Löhne und Gehälter 62.800,00 €

h) Banküberweisung für Darlehenzinsen 1.200,00 €
   und Tilgung 10.000,00 €

i) Unsere Banküberweisung für die
   Restaurantpacht 1.200,00 €
   Telefonkosten 290,00 €
   Werbeanzeige in AHGZ 930,00 €
   Ausgleich Metrorechnung 3.540,00 €

j) Getränkehändler Bruch erhält Leergut für 650,00 €
   zurück, das bei der Lieferung im Rechnungsbetrag enthalten war. Die Eingangsrechnung ist noch nicht bezahlt.

k) Ein säumiger Gast wird mit Verzugszinsen belastet 54,00 €
   Holzer entnimmt aus der Kasse für seinen Geburtstag 500,00 €

l) Küchenausstattungsverkauf gegen Banküberweisung für 30.000,00 €
   Buchwert 25.000,00 €

Aufgabe 12.4

Schließen Sie die folgenden Konten ab und erstellen Sie das GuV-Konto!

S	20 10 00	H
	90 00 00)	124.020,00

S	41 86 00	H
	18 00 00)	8.740,00

S	40 00 10	H
	18 00 00)	6.185,00
	12 00 00)	7.120,00
	16 00 00)	2.020,00

S	40 00 20	H
	18 00 00)	9.480,00
	12 00 00)	8.110,00

S	71 00 00	H
	18 00 00)	420,00

S	49 00 00	H
	05 00 00)	412,00

S	40 00 30	H
	15 50 00)	4.260,00
	12 00 00)	4.912,00

S	60 10 01	H
18 00 00) 7.420,00		
18 00 00) 2.912,00		

S	60 10 02	H
18 00 00) 5.140,00		
18 00 00) 3.920,00		

S	60 10 03	H
18 00 00) 2.910,00		
18 00 00) 1.930,00		

S	63 25 00	H
18 00 00) 2.390,00	18 00 00)	30,00
18 00 00) 3.110,00		

S	63 30 00	H
16 00 00) 4.250,00		

S	63 10 10	H
18 00 00) 3.710,00		

S	73 00 00	H
18 00 00) 1.050,00		

S	75 00 00	H
16 00 00) 120,00		

Aufgabe 12.5

Das Hotel-Restaurant "Heidelberger Hof" hatte zum Ende des Jahres 20** folgende Schlussbestände:

02 40 00 bebaute Grundstücke	350.000,00 €
04 00 00 Technische Anlagen und Maschinen	220.000,00 €
05 20 00 Fuhrpark	54.000,00 €
11 40 20 Lebensmittel	38.000,00 €
11 40 30 Getränke	22.000,00 €
12 00 00 Forderungen	15.300,00 €
16 00 00 Kasse	12.800,00 €
18 00 00 Bank	33.300,00 €
20 10 00 Eigenkapital	450.000,00 €
33 00 00 Verbindlichkeiten	130.000,00 €
31 70 00 Langfristige Verbindlichkeiten	165.400,00 €

Kontenplan
02 40 00, 04 00 00, 05 00 00, 05 20 00, 11 40 20, 11 40 30, 12 00 00, 16 00 00, 18 00 00, 20 10 00, 31 50 00, 31 70 00, 33 00 00, 40 00 50, 41 86 00, 60 00 00, 63 25 00, 64 00 00, 68 50 26, 68 15 00, 68 05 00, 68 50 11, 63 35 00, 90 00 00, 91 00 00, 99 00 00

Geschäftsfälle:

a) Bareinkauf von Büromaterial für   145,00 €

b) Bareinnahmen aus Geldspielautomaten   13.450,00 €

c) Wir kaufen bei der Metro auf Rechnung ein.
    Lebensmittel für   450,00 €
    Getränke für   360,00 €
    Deko-Material für Bankettveranstaltung   120,00 €

d) Eingangsrechnung für Reparatur eines Hotelcomputers   380,00 €

e) Kassenausgänge für Porto und   80,00 €
    Telefongebühr   200,00 €

f) Lastschriftanzeige der Bank
    für Wartung der Heizungsanlage   1.100,00 €
    für Zahlung an einen Gemüsehändler   250,00 €
    für Versicherungsprämie   1.800,00 €

h) Lohnüberweisung per Bank　　　　　　　　　　　　　12.000,00 €

i) Bankabbuchung für Strom　　　　　　　　　　　　　　850,00 €

j) Mieteinnahmen für Kiosk und Boutique
　　Banküberweisung　　　　　　　　　　　　　　　　　10.000,00 €

k) Abonnementrechnung der AHGZ per Lastschrift　　　　15,00 €

l) Verkauf eines gebrauchten Backofens, bar zum Buchwert 1.150,00 €

m) Brauerei belastet uns für nicht zurückgegebenes Leergut 160,00 €

1　Eröffnen Sie die Bestandskonten mit dem EBK!

2　Bilden Sie zu den laufenden Geschäftsfällen die Buchungssätze!

3　Buchen Sie die Geschäftsfälle im Kontensystem!

Schließen Sie die Konten ab und erstellen Sie das SBK!

13. Buchungen des Warenverkehrs

Aufgabe 13.1
Buchen Sie den Anfangsbestand und die beiden Geschäftsfälle auf den Getränkebestands- und Getränkeumsatzkonten unter Angabe der jeweiligen Mengen an Weinflaschen.

Anfangsbestand: 500 Fl. Riesling Kabinett je € 4,00 netto   € 2.000,00
a) Barverkauf von 325 Fl. Riesling Kabinett für je € 12,00 netto € 3.900,00
b) Zieleinkauf von 250 Fl. Riesling Kabinett für je € 4,00 netto € 1.000,00

1. Wie viel Weinflaschen sind noch vorhanden? Buchen Sie den Inventurbestand!

2. Bilden Sie den Saldo auf dem Getränkebestandskonto! Was stellt dieser Saldo dar?

3. Schließen Sie die beiden Konten ab!

4. Ermitteln Sie die Wareneinsatzquote!

5. Ermitteln Sie den Warenrohgewinnquote/-satz!

Aufgabe 13.2

1. Erklären Sie Vor- und Nachteile der Inventurmethode im Vergleich zur Fortschreibungsmethode (Skontrationsmethode)!

2. Worin liegen die Stärken und Schwächen der retrograten Methode?

Aufgabe 13.3

Es werden folgende Lebensmittel (7% USt.) eingekauft:

a) Fleischwaren beim Metzger auf Rechnung 320,00 €
b) Frischgemüse auf dem Markt bar   185,00 €
c) Obst auf Ziel   125,00 €
d) Fisch auf Rechnung   90,00 €

Die Einkäufe a) und b) kommen sofort in die Produktion.

1. Buchen Sie die Einkäufe auf T-Konten! Anfangsbestände: Kasse 1.500,00 €, Bank 1.500,00 €, EK 1.500,00 € und Verbindlichkeiten 1.500,00 €.

Endbestand laut Inventur 65,00 €

2. Buchen Sie den Lagerverbrauch!

Tageseinnahmen aus dem Büffet betragen netto 2.100,00 €

3. Buchen Sie die Einnahmen!

4. Schließen Sie die T-Konten ab!

5. Wie kann der Verbrauch an Lebensmitteln ermittelt werden?

Aufgabe 13.4
Ermitteln Sie den Materialverbrauch, wenn im Konto der Anfangsbestand 20.800,00 € und folgende Zugänge gebucht sind: 9.240,00 €; 4.265,00 €; 3.912,00 €; 14.316,00 € (alle Beträge netto).

Der Endbestand beträgt 8.710,00 €.

Aufgabe 13.5
Schließen Sie das folgende Konto ab, wenn der Verbrauch mittels Entnahme-scheinen erfasst wurde und der Endbestand laut Inventur 20.200,00 € beträgt.

Soll		11 40 20		Haben
AB	20.800,00	50 00 20		2.800,00
Zugang	8.600,00	50 00 20		2.400,00
Zugang	7.600,00	50 00 20		4.200,00
Zugang	7.200,00	50 00 20		1.000,00
		50 00 20		700,00
		50 00 20		4.800,00
		50 00 20		6.500,00

Aufgabe 13.6
Ermitteln Sie für die folgenden Fälle den Verbrauch und/oder den Endbestand!

1 Der Bestand an Butaris betrug am 01.12. 40,2 kg.

Entnahmen	Zugänge
02.12. 4 kg	10.12. 20 kg
09.12. 2 kg	
14.12. 6 kg	
18.12. 2 kg	
22.12. 6 kg	
24.12. 1 kg	
26.12. 5 kg	
31.12. 4 kg	

2   Das Weinlager hatte am 01.12. 620 Flaschen Moselwein im Bestand. Am 14.12. wurden 100 Flaschen und am 20.12. wurden 60 Flaschen geliefert. Am 31.12. be-   trug der Bestand 420 Flaschen.

Aufgabe 13.7
Wie hoch ist

- der Rohaufschlagsatz und

- der Rohgewinnsatz

wenn der Wareneinsatz netto 48.360,00 € und die Verkaufserlöse für den Wein 129.364,90 € brutto betragen?

Aufgabe 13.8
Buchen Sie bitte folgende Geschäftsfälle im Grundbuch (jeweils ein Buchungssatz)!
(Wertangaben alle netto)

a) Ausgangsrechnung für ein kaltes Buffet   1.500,00 €
   und Getränke   500,00 €

b) Tageskasse für Küche   3.450,00 €
   für Keller   2.300,00 €
   für Beherbergung   5.000,00 €

c) Die Rechnung unseres Steuerberaters geht ein   555,00 €

d) Lebensmittelverbrauch   300,00 €

e) Banküberweisung für Geschäftsmiete   3.200,00 €

f) Banküberweisung für Löhne und Gehälter
   Zimmermädchen   8.000,00 €
   Restaurantpersonal   20.000,00 €
   Küchenpersonal   30.000,00 €
   Kaufmännische Verwaltung   6.000,00 €

g) Bankgutschrift für Zinsen   200,00 €
   und für Provisionen   400,00 €

h) Banklastschrift für Strom   600,00 €
   für Wasser   1.200,00 €
   für Telefon   300,00 €

i) Ein Gast reklamiert wegen nicht vertragsgemäßer Unterbringung. Wir senden eine Gutschrift über   275,00 €

Aufgabe 13.9

Angenommen, am Abschlussstichtag liegen Ihnen – auszugsweise – folgende Daten
aus der Buchhaltung eines Bistros vor:

Konto	Soll	Haben
20 10 00		121.980,00
40 00 30		9.600,00
50 00 30	2.400,00	
60 00 00	3.000,00	
63 25 00	850,00	
71 00 00		180,00
73 00 00	380,00	

1 Geben Sie die erforderlichen Buchungssätze zum Abschluss der aufgeführten Konten an.

2 Stellen Sie „Gewinn und Verlust" sowie „Eigenkapital" in Kontenform dar.

Aufgabe 13.10
Die Buchhaltung des Gasthauses "Post" weist u. a. folgende Zahlen aus:

Konten	Soll	Haben	Konten	Soll	Haben
40 00 10		399.520,00	63 10 10	21.752,00	
40 00 20		189.420,00	63 30 00	4.392,00	
40 00 30		126.280,00	63 35 00	23.000,00	
50 00 20	188.280,00		66 00 00	1.860,00	
50 00 30	69.960,00		69 00 00	4.800,00	
60 10 01	94.140,00		71 00 00		12.000,00
60 10 02	141.210,00		71 00 00	13.000,00	
60 10 03	56.484,00		74 00 00		24.800,00
61 20 00	6.780,00		75 00 00	6.300,00	
61 70 00	10.746,00				

Bilden Sie die Buchungssätze für den Abschluss der Konten und stellen Sie den Unternehmenserfolg im GuV-Konto dar!

Aufgabe 13.11
Eröffnen Sie die folgenden Konten mit Eröffnungsbilanzkonto und buchen Sie die Geschäftsfälle im Grundbuch. Übertragen Sie dann die Grundbuchungen ins Hauptbuch. Zum Schluss schließen Sie die Konten über das GuV und das SBK ab!

Die Schlussbilanz des Hotels "Heidelberger Tor" enthält folgende Bestände:

Konten	Beträge
02 40 00	750.000,00 €
04 00 00	300.000,00 €
05 00 00	200.000,00 €
05 20 00	100.000,00 €
11 40 20	18.000,00 €
11 40 30	22.000,00 €
12 00 00	25.000,00 €
16 00 00	12.500,00 €
18 00 00	55.000,00 €
20 10 00	?
30 20 00	22.500,00 €
31 70 00	900.000,00 €
33 00 00	60.000,00 €

Eröffnen Sie zusätzlich die folgenden Konten: 21 00 00, 40 00 10, 40 00 20, 40 00 30, 50 00 20, 50 00 30, 60 00 00, 63 25 00, 63 20 00, 64 00 00, 68 05 00, 66 00 00, 63 10 10, 63 35 00, 71 00 00

Geschäftsfälle

a) Ausgangsrechnung für Getränke   791,00 €
   für Speisen (beide 19% USt.)   1.356,00 €

b) Rechnungsausgleich - Fall a - durch Banküberweisung

c) Eingangsrechnung für Lebensmittel 7% USt.   780,00 €
   und für Getränke 19% USt.   1.650,00 €

d) Rechnungsausgleich - Fall c - durch Banküberweisung

e) Zielkauf einer Küchenmaschine   3.000,00 €
   und eines Kühlschrankes (beide 19% USt.)   2.000,00 €

f) Barzahlung für Reparatur eines Küchenherdes   800,00 €

g) Hypothekentilgung durch Bank   2.000,00 €
   Zinsbelastung durch die Bank (beide keine USt.)   550,00 €

h) Lieferer belastet uns mit Verzugszinsen (keine USt.)   40,00 €

i) Der Inhaber entnimmt der Kasse für das
   Geburtstagsgeschenk seiner Tochter (keine USt.)   1.500,00 €

j) Tageskasse für
   Beherbergung 7% USt.   4.000,00 €
   Keller 19% USt.   2.300,00 €
   Küche 19% USt.   4.025,00 €

k) Banküberweisung für
   Löhne und Gehälter   3.000,00 €
   Werbeanzeige in der AHGZ 19% USt.   250,00 €
   Telefon 19% USt.   375,00 €
   Restaurantpacht (in diesem Falle keine USt.)   1.200,00 €
   Strom 19% USt.   400,00 €
   Gas 19% USt.   300,00 €
   Leitungswasser 7% USt.   270,00 €

l) Ausgangsrechnung für ein kaltes Buffet 7% USt.   3.500,00 €

m) Rechnungsausgleich - Fall e - abzüglich 2 % Skonto
   durch Banküberweisung

n) Lebensmittelverbrauch   2.100,00 €

o) Endbestand Getränke beträgt lt. Inventur   23.150,00 €

Aufgabe 13.12

1. Nennen Sie fünf Beispiele für 7% besteuerte Geschäftsfälle.

2. Nennen Sie fünf Beispiele für 19% besteuerte Geschäftsfälle.

3. Nennen Sie zwei Beispiel zu Geschäftsfällen, die von der Umsatzsteuer befreit sind.

Aufgabe 13.13
Buchen Sie die folgenden Fälle unter Beachtung des Umsatzsteuergesetzes (UStG):

a) Gastronom Freundlich schenkt seinem Stammgast Hugo Hocker zum Geburtstag zehn Flaschen Wein im Wert von 50,00 € netto. Ein anderer Gast, Kunibert Knigrich, erhält zum Geburtstag fünf Flaschen des gleichen Weines.

b) Der Hotelier Unsinger schenkt 30 seiner Stammkunden anlässlich seines Betriebsjubiläums je eine Reisetasche, die er als Sonderposten von einem Werbegeschenkehersteller für 35,00 €/Stck. netto erworben hat. Für 20 weitere Stammkunden muss er die Taschen anderweitig zu einem Nettopreis von 45,00 €/Stück beschaffen. Prüfen Sie, ob und in welcher Höhe Umsatzsteuer anfällt.

Aufgabe 13.14
Wie ist der umsatzsteuerliche Tatbestand, wenn ein Gast freiwillig
a) ein zusätzliches Trinkgeld an den Inhaber (Wirt) und

b) ein zusätzliches Trinkgeld an das Bedienungspersonal gibt

Aufgabe 1.15
Führen Sie das Grundbuch für die folgenden Geschäftsfälle:

a) Zum Ausgleich einer Rechnung der Molkereigenossenschaft (7 % USt.) überweisen wir nach Abzug von 2% Skonto den Betrag von 2.156 € per Banküberweisung.

b) Eingangsrechnung des Großmarktes für:
Fleisch- und Wurstwaren, brutto	345,77 €
Orangensaft, brutto	101,00 €
Kaffee, brutto	74,10 €
Kaviarersatz, brutto	28,62 €

c) Bareinnahmen aus unserem Party-Service: 3.004,81 € für Lieferung von kalten Büffets und 2.370,37 für Getränke.

d) Barzahlung einer noch nicht gebuchten Handwerkerrechnung für Malerarbeiten in Gästezimmern, Rechnungsbetrag: 6.438,49 €.

e) Tagesbareinnahmen aus Beherbergung:
aus Beherbergung:	3.105,00 €
aus Küche:	3.700,13 €
aus Keller:	2.768,63 €

f) Aufgrund einer Gästereklamation gewähren wir dem Reisebüro "Gute Fahrt" einen Preisnachlass über netto 760,00 € auf die noch nicht beglichene Beherbergungsrechnung.

g) Für Instandsetzungsarbeiten am Personalwohnhaus schickt uns der Handwerker eine Rechnung mit Rechnungsbetrag 2.242,50 €.

h) Wir erhalten eine Rechnung der Molkereigenossenschaft über netto 650,00 €. Gleichzeitig stellt sie uns die Verpackung mit 15,20 € netto in Rechnung.

j) Da ein Teil der Ware (Fall h) verdorben war, begleichen wir die Rechnung der Genossenschaft vereinbarungsgemäß unter Abzug von 20% auf den Warenwert per Banküberweisung.

k) Zum Ausgleich unserer Rechnung Nr. 40/.. über die Lieferung eines kalten Büfets überweist unser Kunde nach Abzug von 3% Skonto 975,13 €.

l) Für eine Seminarveranstaltung wird der Leidenthal GmbH eine Rechnung über 6.106,07 € brutto ausgestellt. Davon sind für Beherbergung 3.106,50 €, für Speisen 1.956,24 € und für Getränke 1.043,33 € anzusetzen.

m) Von den Bareinnahmen in Höhe von 4.693,39 € entfallen auf:
Beherbergung 1.782,50 €
Küche 1.378,16 €
Keller 973,73 €
Wellness 214,00 €
Garagenmiete 345,00 €

n) Obsthändler Knopf liefert an uns Obst auf Ziel zum Listenpreis von 960,00 €. Er gewährt uns 10% Liefererrabatt und stellt uns gleichzeitig für Verpackung 40,00 € netto und für Fracht 30,00 € netto in Rechnung.

o) Zieleinkauf von Lebensmitteln für brutto 481,50. Die Fracht auf die Sendung, brutto 83,30 €, wird bar an einen Spediteur bezahlt und ist nach dem Nettowarenwert umzulegen.

p) Für die Rückgabe von Transportbehältern für Tiefkühlgemüse, die uns zunächst mit 145,92 € brutto vom Lieferer in Rechnung gestellt worden waren, erhalten wir vereinbarungsgemäß eine Gutschrift über 80% des Wertes.

Aufgabe 13.16
Stellen Sie das Grundbuch für die folgenden Geschäftsfälle auf!

		€
a)	Wir kaufen beim Händler bar: Hummer zu netto	800,00
	Gemüse zu netto	220,00
	Spirituosen zu netto	1.400,00

b) Wir begleichen eine Getränkerechnung unter Abzug von 2% Skonto durch Banküberweisung, Überweisungsbetrag — 3.920,00

c) Kassenmanko (Kassenfehlbetrag) — 40,00

d) Für eine selbst erstellte Anlage sind auf Konto 07 00 00 erfasst: 30.620,00
Es geht die Abschlussrechnung des Handwerkers ein, netto 2.840,00 €. Die Anlage ist fertig gestellt.

e) Weineinkauf: 1.000 Flaschen zu je 4,80 € (Listenpreis) bei 6 Flaschen Naturalrabatt als Draufgabe und 10% Rabatt sowie 2% Skonto gegen Banküberweisung.

f) Eingangsrechnung vom Vormonat wird durch Banküberweisung beglichen — 6.213,50

g) Die Bank schreibt uns Zinsen gut — 312,43

h) Zur Erweiterung des Hotels kaufen wir ein Grundstück. Kaufpreis — 120.000,00
Der abwickelnde Notar sendet folgende Rechnung:
Notariatskosten, netto — 8.210,00
Telefongebühren, netto — 25,00
ausgelegte Gerichtskosten — 960,00
Außerdem fallen noch 5% Grunderwerbsteuer an.
Alle Beträge werden per Bank beglichen.

i) Für eine von uns zu spät beglichene Rechnung belastet
uns der Lieferer mit Verzugszinsen 16,20

j) Innerhalb von 10 Tagen überweisen wir laut
Lieferbedingungen einen Betrag von 1.646,40
per Bank für eine Bierrechnung, von der wir 2% Skonto
einbehielten.

k) Für die jährliche Betriebsfeier unserer 20 Angestellten geben wir
einen Banküberweisung über 1.500,00

l) Wir senden Wein an den Lieferer zurück, netto 800,00
Rechnung war noch offen!

m) Der Kegelclub "Gut Holz" e.V., der schon seit Jahren seine
Feiern bei uns abhält, feiert sein 20jähriges Bestehen.
Er erhält von uns einen Zinnteller im Nettowert von 192,00

n) Zur Olympiade kauft der Gastwirt ein Fernsehgerät
für die Gaststube auf Ziel, netto 1.220,00

Aufgabe 13.17
Buchen Sie folgende Geschäftsfälle im Grundbuch.

a) Für die Reservierung von 45 Zimmern wird vom Busunternehmer Roller eine Vorauszahlung von 612,00 € brutto verlangt. Er überweist den vom Hotel berechneten Betrag.

b) Dem Busunternehmer werden nach dem Aufenthalt seiner Reisegruppe 44 Übernachtungen à 68,00 € brutto in Rechnung gestellt. Er überweist den geschuldeten Betrag unter Abzug seiner Vorauszahlung (siehe Fall oben). Die Rechnung war noch nicht gebucht. Buchen Sie den Zahlungseingang.

c) Ein Gast begleicht für 2 Übernachtungen 150,00 € per VISA-Card.

d) Das Kreditkarteninstitut überweist nach Abzug seiner Nettoprovision von 2,35% vom Bruttoumsatz des Hotels den verbleibenden Betrag an das Hotel.

e) Eine Reisegruppe löst für Übernachtungen Voucher des Reiseveranstalters TSI-Tours in Höhe von 1.800,00 € ein.

f) Der Reiseveranstalter berechnet dem Hotel – wie vereinbart – eine Bruttoprovision von 20% vom Bruttoumsatz des Hotels und überweist den Restbetrag.

g) Im letzten Abrechnungszeitraum hat das Hotel insgesamt 1.512,61 netto per Kreditkarte eingenommen und entsprechend gebucht. Buchen Sie jetzt die Überweisung des Kreditkarteninstituts, wenn dieses die vertraglich vereinbarte 2,2% Nettoprovision vom Bruttoumsatz einbehält.

Aufgabe 13.18
Buchen Sie folgende Geschäftsfälle im Grundbuch.

1. Für die Installation neuer Badezimmerarmaturen verlangt der ausführende Handwerksbetrieb eine Vorauszahlung von 6.750,00 € netto

2. Nach Abschluss und Abnahme der Arbeiten stellt der Installateur folgende Schlussrechnung auf:

30 Einbaukombinationen à 750,00 €	22.500,00 €	
zuzüglich 19% USt	4.275,00 €	26.775,00 €
abzüglich Anzahlung	6.750,00 €	
zuzüglich 19% USt	1.282,50 €	8.032,50 €
Restbetrag, noch zu zahlen		18.742,50 €

Das Hotel überweist per Bank

14. Anhang

Abzinsungszinssätze gemäß § 253 Abs. 2 HGB

% p.a.

Stand am Monatsende		Zinssatz bei Restlaufzeiten von ..... Jahr(en)									
		1	2	3	4	5	6	7	8	9	10
2010	Nov.	3,75	3,90	4,07	4,22	4,36	4,48	4,60	4,70	4,79	4,87
	Dez.	3,75	3,90	4,07	4,22	4,36	4,48	4,59	4,69	4,78	4,86
2011	Jan.	3,75	3,90	4,07	4,22	4,35	4,48	4,59	4,69	4,78	4,86
	Feb.	3,75	3,90	4,07	4,22	4,36	4,48	4,59	4,69	4,78	4,86
	Mrz.	3,76	3,91	4,08	4,23	4,36	4,48	4,59	4,69	4,78	4,86
	Apr.	3,76	3,91	4,08	4,23	4,36	4,48	4,59	4,69	4,78	4,86
	Mai	3,76	3,91	4,08	4,23	4,36	4,48	4,59	4,69	4,77	4,85
	Jun.	3,77	3,91	4,08	4,22	4,35	4,47	4,58	4,68	4,77	4,85
	Jul.	3,77	3,91	4,08	4,22	4,36	4,48	4,59	4,68	4,77	4,85
	Aug.	3,78	3,92	4,08	4,23	4,36	4,48	4,59	4,69	4,77	4,85
	Sep.	3,79	3,93	4,08	4,23	4,36	4,48	4,59	4,68	4,77	4,85
	Okt.	3,80	3,93	4,09	4,23	4,36	4,48	4,59	4,68	4,77	4,85
	Nov.	3,81	3,94	4,09	4,24	4,37	4,49	4,60	4,69	4,78	4,86
	Dez.	3,82	3,94	4,09	4,24	4,37	4,49	4,60	4,69	4,78	4,86
2012	Jan.	3,82	3,94	4,09	4,23	4,36	4,48	4,59	4,69	4,78	4,85
	Feb.	3,82	3,93	4,08	4,22	4,36	4,48	4,59	4,68	4,77	4,85
	Mrz.	3,81	3,92	4,07	4,21	4,35	4,47	4,58	4,68	4,76	4,84
	Apr.	3,81	3,91	4,06	4,21	4,34	4,46	4,57	4,67	4,76	4,83

Berechnung der Abschreibungen

1 Lineare Abschreibung

$$\text{Abschreibungsbetrag} = \frac{\text{Anschaffungs-/Herstellungskosten}}{\text{betriebsgewöhnliche Nutzungsdauer}}$$

$$\text{Abschreibungssatz} = \frac{100\%}{\text{betriebsgewöhnliche Nutzungsdauer}}$$

2 Geometrisch-degressive Abschreibung

Abschreibungsbetrag = - Dn + (n+1)*D

Abschreibungssatz = linearer Abschreibungssatz * 2 <= 20%
(siehe § 7,2 EStG)

Übergang geometrisch-degressiv zu linearer Abschreibung => $\text{degressiver Abschreibungsbetrag} < \frac{\text{Restwert}}{\text{Restnutzungsjahre}}$

3 Leistungsabschreibung

$$\text{Abschreibungsbetrag} = \frac{\text{Anschaffungskosten} * \text{Istleistung im Abschreibungsjahr}}{\text{geschätzte Gesamtleistung}}$$

4 Digitale Abschreibung

$$\text{Degressionsbetrag(D)} = \frac{\text{Anschaffungs-/Herstellungskosten}}{n/2*(n+1)}$$

Abschreibungsbetrag(A) = n*D

Kennzahlen der Bilanz- und Ertragsanalyse

Konstitution (= Vermögensaufbau)

$$\text{Anlageintensität} = \frac{AV}{UV}$$

$$\text{Vermögenselastizität} = \frac{UV}{AV}$$

$$\text{Leistungsvermögensintensität} = \frac{LV}{FinanzUV}$$

Finanzierung (= Kapitalaufbau)

$$\text{Verschuldungskoeffizient} = \frac{FK \cdot 100}{EK}$$

$$\text{Kapitalanspannung} = \frac{GK \cdot 100}{EK}$$

$$\text{Eigenkapitalanteil} = \frac{EK \cdot 100}{GK}$$

Investierung (= Anlagendeckung)

$$\text{Deckungsgrad 1} = \frac{EK \cdot 100}{AV}$$

$$\text{Finanzierungskoeffizient} = \frac{EK}{AV}$$

$$\text{Deckungsgrad 2} = \frac{(EK + \text{langfr. FK}) \cdot 100}{AV + \text{langfr. UV}}$$

$$\text{Deckungsgrad} = \frac{UV}{FK}$$

Liquidität

$$\text{Barliquidität} = \frac{\text{flüssige Mittel} \cdot 100}{\text{kurzfr. Verbindlichkeiten}}$$

$$\text{Einzugsbedingte Liquidität} = \frac{(\text{flüssige Mittel} + \text{Forderungen} + \text{Wertpapiere des UV}) \cdot 100}{\text{kurzfr. Verbindlichkeiten}}$$

$$\text{Umsatzbedingte Liquidität} = \frac{(\text{flüssige Mittel} + \text{Forderungen} + \text{Wertpapiere des UV} + \text{Fertigerzeugnisse} + \text{unfertige Erzeugnisse}) \cdot 100}{\text{kurzfr. Verbindlichkeiten}}$$

$$\text{Liquidität auf lange Sicht} = \frac{\text{gesamtes UV} \cdot 100}{\text{gesamte Verbindlichkeiten}}$$

Kennzahlen der Rentabilität

$$\text{Eigenkapitalrentabilität} = \frac{(\text{Jahresüberschuss} - \text{Unternehmerlohn}) * 100}{\text{Eigenkapital}}$$

$$\text{Gesamtkapitalrentabilität} = \frac{(\text{Jahresüberschuss} - \text{Unternehmerlohn} + \text{FK-Zinsen}) * 100}{\text{Gesamtkapital}}$$

$$\text{Umsatzrentabilität} = \frac{\text{Jahresüberschuss} * 100}{\text{Umsatz}}$$

6 Sonstige Kennziffern

$$\text{Kapitalumschlagshäufigkeit} = \frac{\text{Betriebsumsatz}}{\text{Bilanzsumme}}$$

$$\text{Kapitalumschlagsdauer} = \frac{365}{\text{Kapitalumschlagshäufigkeit}}$$

$$\text{Return-on-Investment} = \frac{\text{Gewinn}}{\text{Bilanzsumme}}$$

Cash-Flow (DBBk: eigenerwirtschaftete Mittel)
  Jahresüberschuss (nach Steuern)
  + Abschreibungen
  + Veränderungen der Rückstellungen
  + Veränderungen der Sonderposten mit Rücklagenanteil

  = Cash-Flow der eigenerwirtschafteten Mittel

  +/- a.o., betriebsfremde Aufwendungen/Erträge
  = Cash-Flow der gewöhnlichen Geschäftstätigkeit
  ==

$$\text{Cash-Flow-Quotient} = \frac{\text{Verbindlichkeiten}}{\text{Cash-Flow}}$$

$$\text{Cash-Flow-Umsatzrate} = \frac{\text{Cash-Flow}}{\text{Umsatzerlöse}}$$

Gastgewerblicher Fachkontenrahmen

KONTENKLASSE 0 ANLAGEVERMÖGEN	KONTENKLASSE 1 UMLAUFVERMÖGEN	KONTENKLASSE 2 EIGENKAPITAL / RÜCKLAGEN	KONTENKLASSE 3 FREMDKAPITAL / RÜCKSTELLUNGEN	KONTENKLASSE 4 ERTRÄGE	KONTENKLASSE 5 AUFWENDUNGEN	Fortsetzung Kontenklasse 6	KONTENKLASSE 9 ERÖFFNUNG UND ABSCHLUSS
000100 Ausstehende Einlagen auf gez. Kap.	**Vorräte**	**Kapital Vollhafter / Einzelunternehmer**	300000 Pensionsrückstellungen	400000 **Umsatzerlöse**	500000 **Warenkosten**	650000 Fahrzeugkosten	900000 Saldovorträge Sachkonten (EBK)
009500 Aufwendungen für die Ingangsetzung und Erweiterung des Geschäftsbetriebs	100000 Hilfs- u. Betriebsstoffe	200000 Festkapital	302000 Steuerrückstellungen	400010 Beherbergungsumsatz	500010 Waren Beherb.	660000 Werbekosten	900800 Saldenvorträge Debitoren
	104020 Hergestellte Halb- und Fertigerzeugnisse	201000 Variables Kapital	307000 Sonstige Rückstellungen	400020 Speiseumsatz	500020 Lebensmittel	661000 Geschenke <= 35 €	900900 Saldenvorträge Kreditoren
Immaterielle Vermögensgegenstände	114020 Lebensmittel	202000 Gesellschafterdarlehen	**VBK**	400030 Getränkeumsatz	500025 Kaffee, Tee, Kakao	662000 Geschenke > 35 €	910000 GuV-Konto
011000 Konzessionen,	114030 Getränke		315000 VBK gegen Kreditinstitute	400035 Bankettumsätze	500030 Getränke	663000 Repräsentationskosten	980500 Gewinnvortrag
012000 gewerbl. Schutzrechte	114041 Tabakwaren	**Kapital Teilhafter**	315100 ~ Restlaufzeit < 1 J.	400050 Sonstige Umsatzerlöse	500031 Bier	664000 Bewirtungskosten	982000 Verlustvortrag
013500 EDV-Software	114045 Sonstige Warenvorräte	205000 Kommanditkapital	316000 ~ Restlaufzeit 1 - 5 J.	418600 Erlöse aus Geldspielautomaten	500032 Wein und Sekt	665000 Reisekosten AN	990000 Schlussbilanzkonto
014000 Lizenzen an gewerbl. Schutzrechten	118000 Geleistete Anzahlungen auf Waren	206000 Verlustausgleichskonto	317000 ~ Restlaufzeit > 5 J.	460500 Entnahme von Gegenständen und sonstigen Leistungen	500040 Sonstige Waren alkoholfr. Getränke	667000 Reisekosten AG	
015000 Geschäfts- oder Firmenwert	**Ford. und sonstige Vermögensgegenstände**	207000 Gesellschafterdarlehen	325000 Erhaltene Anzahlungen auf Bestellungen	483900 Sonstige Erträge unregelmäßig	**KONTENKLASSE 6**	677000 Vermittlungsprovision	
	120000 Ford. aus Lieferungen u. Leistungen		330000 VBK aus Lieferungen und Leistungen	490000 Erträge aus dem Abgang von Gegenständen des AVs	600000 **Personalkosten**	677011 Reisebüroprovision	
Sachanlagen	124600 Zweifelhafte Ford.	**Privat Teilhafter / Vollhafter / Einzelunternehmer**		492000 Erträge aus der Herabsetzung der Pauschalwertberichtigung zu Ford.	601000 Bruttobezüge	677013 Kreditkartenprovision	
021500 unbebaute Grundstücke	124800 Pauschalwertberichtigungen auf Ford.	210000 Privatentnahmen allgemein	**Sonst. VBK**		601001 ~ Beherbergung	679000 Aufwand für Gewährl.	
024000 Geschäftsbauten	124600 Einzelwertberichtigungen auf Ford.	213000 unentgeltliche Wertabgabe	350000 VBK gegen Gesellsch.	493000 Erträge aus der Auflösung von Rückstellungen	601002 ~ Küche	680500 Telefon	
026000 andere Bauten	**Sonst. Forderungen**	215000 Privateinlagen	351000 VBK aus Steuern und Abgaben		601003 ~ Restaurant	681500 Bürobedarf	
040000 Techn. Anlagen u. Maschinen	130000 Ford. gegen Vorstandsmitglieder u. Geschäftsführer	218000 Sonderausgaben, Zuwendungen, Spenden	372000 VBK aus Lohn u. Gehalt	496000 Periodenfremde Erträge soweit nicht außerordentlich	601004 ~ Bankett	685011 Sonstige Verwaltungskosten	
050000 Betriebs- und Geschäftsausstattung	133000 Ford. gegen Gesellschafter	220000	373000 VBK aus Lohn- u. Kirchensteuer		603000 Aushilfslöhne	685026 Hotelbedarf	
052000 Fuhrpark	134000 Ford. gegen Personal	225000	374000 VBK im Rahmen der soz. Sicherheit	494000 Verrechnete Sachbezüge an Arbeitnehmer	603500 Löhne für Minijobs	685035 Gaststättenbedarf	
067500 GWG > 150,00 € bis 410,00 €		228000 Außergewöhnliche Belastungen	376000 VBK aus Einbehaltungen		603600 Pauschale Steuern für Minijobs	685514 Bargeldfehlbeträge	
067510 GWG > 150,00 € bis 1.000,00 € für 2015	140000 **Abziehbare Vst**	**Gezeichnetes Kapital**	379000 Lohn- und Gehaltsverrechnungen		604000 Pauschal. Steuer für Aushilfen	682111 Personalschulung / -fortbildung	
~ für 2016	140100 7% Vst	290000 Gezeichnetes Kapital			606000 Freiwillige soziale Aufwendungen	682700 Beratungskosten	
067520 ~ für 2017	140600 19% Vst	**Rücklagen**	**Umsatzsteuer Ust**		611000 Gesetzliche soziale Aufwendungen	690000 Verluste aus Anlageabgängen	
067530 ~ für 2018	140000 Abziehbare Vst aus innergem. Erwerb	292000 Kapitalrücklage	380000 7% Ust		612000 Berufsgenossenschaft		
067540 ~ für 2019	142000 Umsatzsteuerforderung	293000 Gesetzliche Rücklage	380100 19% Ust		614000 Aufwendungen für Altersversorgung	**KONTENKLASSE 7 WEITERE ERTRÄGE UND AUFWENDUNGEN**	
068000 Einbauten in fremde Grundstücke	143300 Entstandene Einfuhrumsatzsteuer	293700 Andere Ergebnisrücklage	380600 Ust innergem. Erwerb		617000 Sonstige soziale Abgaben		
070000 Geleistete Anzahlungen und Anlagen im Bau	146000 Geldtransit	295000 Satzungsmäßige Rücklagen	380700 Ust nicht fällig			710000 Sonstige Zinsen und ähnliche Erträge (Miete, Provision)	
	Wertpapiere	296000 Andere Gewinnrücklagen	381000 Ust-Vorauszahl.1/11		622000 **AfA a. Sachanlagen**	720000 AfA auf Finanzanlagen	
Finanzanlagen	151000 Sonstige Wertpapiere	**Gewinn-/Verlustvortrag**	383000		622001 ~ auf Technische Anlagen u. Masch.	730000 Zinsen und ähnliche Aufwendungen	
080000 Anteile an verbundenen Unternehmen	**Schecks, Kassenbestand, Bankguthaben**	297000 Gewinnvortrag vor Verwendung	384100 Ust Vorjahre		622100 ~ auf BGA	740000 Außerordentl. Erträge	
081000 Ausleihungen an verbundenen	155000 Schecks	297800 Verlustvortrag vor Verwendung	**Rechnungsabgrenzung**		622200 ~ auf Gebäude	750000 Außerordentl. Aufwendungen	
	160000 Kasse		390000 PRA		623000 ~ auf Kfz	760000 Körperschaftssteuer	
Unternehmen	180000 Bank				626000 Außerplanmäß. AfA auf Sachanlagen	761000 Gewerbesteuer	
082000 Beteiligungen	**Rechnungsabgrenzung**				626200 Sofortabschreibung GWG (bis 150 €)	765011 Getränke- und Vergnügungssteuer	
088000 Ausleihungen an Unternehmen, mit denen ein Beteiligungsverhältnis besteht	190000 ARA				626400 AfA auf aktivierte GWGs (>150-410 €)	768000 Grundsteuer	
090000 Wertpapiere des AVs	194000 Damnum/Disagio				628000 AfA a. Sammelkto. (>150-1000 €)	765000 Sonstige Betriebssteuern	
093000 Sonstige					630013 Forderungsverluste		
096000 Ausleihungen an Gesellschafter					631010 Miete u. Pacht	**KONTENKLASSE 8**	
GWG bis 150,00 € = Aufwand, keine Aufnahme ins Bestandsverzeichnis (Wahlrecht)					632000 Heizung	frei	
					632500 Gas, Strom, Wasser		
					633000 Reinigung		
					633500 Instandhaltung		
					640000 Versicherungen		
					643011 Beiträge		
					643013 GEMA-Gebühren		
					649511 EDV-Zubehör		
					649800 Miet-Leasing		

Seite 152